FABIJAN VERAJA

LE CAUSE DI CANONIZZAZIONE DEI SANTI

COMMENTO ALLA LEGISLAZIONE E GUIDA PRATICA

LIBRERIA EDITRICE VATICANA
00120 CITTÀ DEL VATICANO

In copertina:

Beato Angelico, *Pala dell'Incoronazione,* Parigi, Museo del Louvre.

Tel. (06) 698.85003 - Fax (06) 698.84716

ISBN 88-209-1825-0

PREMESSA

Con la Costituzione Apostolica *Divinus perfectionis Magister* del 25 gennaio 1983 entrava in vigore la nuova legislazione per le cause dei santi. Poco dopo usciva anche il nostro *Commento alla nuova legislazione per le cause dei santi*[1], il cui primo capitolo era già stato pubblicato su *L'Osservatore Romano* del 27 febbraio 1983, contestualmente alla pubblicazione dei testi legislativi.

Esaurita l'edizione del *Commento,* è apparsa la necessità di un nuovo manuale più completo, che servisse da guida sia nell'istruzione delle cause nelle diocesi che nell'impostazione dello studio delle medesime presso la competente Congregazione. Nel redigere questo nuovo testo abbiamo potuto far tesoro anche dell'esperienza di questi anni, durante i quali sono stati fatti i primi passi nell'attuazione della riforma.

Gli obiettivi della recente riforma sono stati esposti nel Capitolo I, che contiene il testo con il quale è stata ufficiosamente presentata la nuova legislazione.

Del ruolo dei Vescovi diocesani nelle cause di canonizzazione si tratta nel Capitolo II, nel quale si insiste soprattutto sulla condizione indispensabile per iniziare una causa, cioè sulla necessità di una autentica fama di santità del servo di Dio. Quale sia esattamente l'oggetto di una inchiesta diocesana è detto nell'ultimo paragrafo.

La procedura da seguire in questa inchiesta è dettagliatamente esposta nel Capitolo III; se saranno messe in atto tutte le raccomandazioni ivi contenute, l'inchiesta sarà ben fatta, secondo la mente della nuova legge, e alla Congregazione sarà facilitata la verifica dell'osservanza delle relative norme.

[1] Ed. Congregazione per le Cause dei Santi: «Sussidi per lo studio delle cause dei santi», 1, Roma 1983.

Il Capitolo IV è dedicato allo studio delle cause presso la Congregazione in ordine all'accertamento della santità della vita o del martirio del servo di Dio, che è lo scopo principale di ogni causa di canonizzazione. Nell'esposizione seguiamo i vari passi procedurali di questa fase della causa, soffermandoci su quegli argomenti che sembrano richiedere maggiori chiarimenti. Questo capitolo sarà utile soprattutto agli «addetti ai lavori» nella Congregazione, ma è altrettanto importante che chi istruisce una causa sappia ciò che poi sarà decisivo per il buon esito della medesima. Gli addetti ai lavori sanno dove trovare maggiori informazioni sugli argomenti che in questo manuale vengono appena accennati: ricordiamo, se ce ne fosse bisogno, che con la recente riforma non è stata messa in discussione la dottrina teologica e il modo di applicarla nelle cause di canonizzazione; di conseguenza, l'opera di Benedetto XIV, per quanto riguarda la dottrina conserva tutta la sua attualità per il nostro settore.

La prassi seguita nello studio dei miracoli attribuiti alla intercessione dei candidati alla canonizzazione, è descritta nel Capitolo V.

Il Capitolo VI è dedicato alla Beatificazione e alla Canonizzazione.

La procedura descritta nei suddetti capitoli riguarda le cause che vengono iniziate secondo la nuova legge, ma moltissime altre sono state istruite secondo il precedente diritto, che ancor prima della recente riforma aveva già subito varie modifiche.

Per un più facile orientamento in materia, nell'Appendice I, oltre alle norme stabilite per la prosecuzione di queste cause, sono riportati dei prospetti delle precedenti procedure, nonché alcune precisazioni che aiuteranno ad avere una visione d'insieme dello sviluppo della legislazione.

Un settore particolarmente complesso è quello delle cause degli antichi Beati venerati *ab immemorabili tempore;* nell'Appendice II, i teologi chiamati a studiare queste cause troveranno una esposizione storica della relativa legislazione e della prassi della Congregazione.

Nell'Appendice III viene riportato uno *specimen* di Interrogatori che potrà servire come «memoria» ai Promotori di giustizia nella stesura degli interrogatori specifici sulla santità della vita o sul martirio dei candidati alla canonizzazione.

Nell'Appendice IV, poi, oltre ad un pro-memoria sulle esigenze medico-legali nella ricostruzione dei casi clinici proposti per il riconoscimento del carattere extranaturale delle guarigioni, si trovano tre tipi di interrogatori che possono servire come esempi per chi è chiamato ad aiutare il Promotore di giustizia nella redazione del questionario per le inchieste sui presunti miracoli.

Nell'Appendice V vengono date istruzioni circa l'esumazione e/o la ricognizione di corpi di servi di Dio, di Beati e di Santi.

Infine, vengono riprodotti i tre testi legislativi: la Costituzione Apostolica *Divinus perfectionis Magister*, le *Normae* e il *Decretum generale*. Non riportiamo invece il testo del *Regolamento* del 1983, approvato *ad experimentum* e che dovrebbe essere sostituito con un testo definitivo. Appunto per questo, in genere non citiamo i numeri dei singoli articoli del Regolamento, pur riportandone il contenuto essenziale, in quanto questo è *quoad substantiam* determinato (almeno *implicite*) dalla stessa legge fondamentale della Costituzione Apostolica e dal *Decretum generale*.

La vigente legislazione costituisce il punto di arrivo di una lunga evoluzione del diritto e della prassi di questo settore. Solo conoscendo questo passato giuridico si può adeguatamente valutare il senso o la portata di certe disposizioni. Perciò nel Commento non mancano *excursus* storici, seppure brevissimi, tuttavia sufficienti perché a qualcuno non accada come a quel ragno della favola, il quale, ispezionando la ragnatela trovò un filo che gli sembrò superfluo, perciò lo tagliò; ma la ragnatela non resse più. Solo applicando coerentemente tutte le disposizioni legislative si possono raggiungere gli obiettivi intesi dalla recente riforma, la quale allora potrà essere anche giustamente apprezzata.

Abbiamo cercato di essere concisi e precisi, e chi si servirà di questo manuale farà bene a non trascurarne alcunché, anche quando si tratta di semplici suggerimenti. Forse il lettore non si renderà subito conto dell'importanza di certi rilievi, ma non per questo essi sono trascurabili; l'autore avrebbe potuto giustificarli volta per volta, ma ciò avrebbe richiesto pagine di note esemplificative. In ogni caso è stata l'esperienza dello studio delle cause a suggerire l'opportunità di mettere l'accento su questo o quell'altro particolare.

Poiché talvolta si continua a pensare con le categorie della passata legislazione, capita di leggere delle affermazioni non proprio conformi alla mente della legislazione vigente; in questi casi, abbiamo cercato di spiegare il vero senso della norma in questione, evitando accenni polemici.

Questo manuale offre anche degli spunti di riflessione su alcune questioni che sono oggetto di discussioni tra gli studiosi (come l'istituto della Beatificazione e la questione dei miracoli nelle cause di canonizzazione); il lettore facilmente distinguerà la legge e la prassi vigenti dalle opinioni personali dell'autore che, ovviamente, valgono quanto le ragioni che le sostengono.

* * *

La materia delle cause dei santi è ben più complessa di quanto possa apparire ad un estraneo, fosse anche un teologo o un canonista; per orientarsi in questo campo bisogna conoscere anche la storia della prassi del Dicastero. Prospero Lambertini (Benedetto XIV), nella sua monumentale opera *De Servorum Dei beatificatione et de Beatorum canonizatione* ha esposto la dottrina dei teologi e canonisti, come anche la plurisecolare prassi della Santa Sede nella trattazione delle cause di canonizzazione; ma dal suo tempo sono passati altri secoli ed è stata accumulata altra esperienza. E se la sua opera è stata di grande aiuto alla Congregazione, la circostanza che si trattava dell'opera di un Pontefice ha avuto anche qualche effetto frenante sulla riflessione dei posteri. Eppure non mancavano delle questioni che richiedevano ulteriori approfondimenti, soprattutto nel settore delle cause degli antichi Beati venerati *ab immemorabili tempore*.

Avendo dovuto occuparsi di queste cause, il sottoscritto si è ben presto trovato di fronte ad una serie di problemi, per la cui soluzione non bastavano certi luoghi comuni né la presentazione storica fatta dal Lambertini. Occorreva quindi affrontare *ex professo* tutta la problematica del settore. Soltanto dopo parecchi anni di particolare attenzione a questa materia, le singole questioni si sono chiarite ed è stato possibile pubblicare i principali risultati di tali studi. Essi riguardano la *Canonizzazione equipollente*[2], l'origine e lo sviluppo dell'istituto della *Beatificazione* nonché la cosiddetta *Beatificazione equipollente*[3]. Si tratta delle questioni in un certo senso marginali rispetto al lavoro di *routine* della Congregazione, e forse anche per questo suscettibili di soluzioni non sempre appropriate, come si può vedere nei predetti studi. Questi lavori sono destinati in primo luogo agli studiosi della Congregazione; per poter profittarne appieno però

[2] F. VERAJA, *La Canonizzazione equipollente e la questione dei miracoli nelle cause di canonizzazione,* in «Apollinaris» (Roma) XLVIII (1975), pp. 222-245; 475-500; XLIX (1976), pp. 182-200.

[3] F. VERAJA, *La Beatificazione. Storia, problemi, prospettive.* Roma 1983 (ed. Congregazione per le Cause dei Santi: «Sussidi per lo studio delle cause dei santi», 2).

(soprattutto del secondo studio, ripetutamente citato nel corso di questo manuale) bisogna già essere alquanto al corrente della relativa problematica. Poiché tutti coloro che per la prima volta devono occuparsi di tali questioni hanno bisogno di essere orientati in materia, indirizzandoli agli studi che faciliteranno il loro tirocinio interno, non facciamo altro che offrire un servizio di informazione.

Roma, 19 marzo 1992

Fabijan Veraja

Sottosegretario della Congregazione delle Cause dei Santi

Capitolo I

GENESI E STRUTTURA DELLA NUOVA LEGISLAZIONE PER LE CAUSE DEI SANTI

La revisione del Codice di diritto canonico, auspicata dai Padri del Concilio Ecumenico Vaticano II, non poteva non riguardare anche la legislazione relativa alle cause di beatificazione e canonizzazione; anzi un processo di aggiornamento in materia era iniziato ancor prima del Concilio e, dopo vari interventi settoriali, è stato ultimato con la promulgazione della Costituzione Apostolica *Divinus perfectionis Magister* del 1983.

Diamo qui uno sguardo ai precedenti e alla genesi della nuova legge, ai principi che l'hanno ispirata e alla sua struttura.

I. L'antica procedura

Per comprendere questo processo di riforma, giova ricordare, anche se molto sommariamente, le tappe principali dell'antico iter giudiziale delle cause di canonizzazione.

La Santa Sede non soleva procedere all'istruzione di una causa se non dopo ripetute istanze delle Chiese particolari e dopo che il Vescovo del luogo in cui era morto il servo di Dio avesse istruito un *processo informativo* sulla fama di santità o del martirio del medesimo; per disposizione di Urbano VIII, inoltre, il Vescovo doveva raccogliere tutti gli scritti del servo di Dio e, mediante un particolare processo, accertarsi che questi, al momento dell'indagine, non era oggetto di culto pubblico non autorizzato dalla Sede Apostolica.

Trasmessi gli atti di queste inchieste alla Santa Sede, la Congregazione dei Riti, a cui Sisto V aveva affidato la trattazione delle cause di canonizzazione, provvedeva anzitutto all'*esame degli scritti* del servo di Dio; si accertava poi dell'esistenza della fama di santità o del martirio e dell'assenza di ostacoli perentori all'*introduzione della causa* presso la Santa Sede.

Introdotta la causa, veniva esaminata la questione dell'osservanza dei decreti di Urbano VIII sul *non culto;* quindi la Congregazione autorizzava l'istruzione dei *processi apostolici* sia sulla fama di santità *in genere* che sulle virtù *in specie* o sul martirio del servo di Dio nonché sui miracoli attribuiti alla sua intercessione.

Nelle lunghe discussioni presso la Congregazione il dibattito si svolgeva (per iscritto) tra il Promotore della Fede e il Patrono (avvocato) della causa, mentre a giudicare sul merito erano i Prelati Officiali, i Consultori e i Cardinali Membri del Dicastero. Il giudizio ultimo sulle virtù o il martirio nonché sui miracoli del servo di Dio era riservato al Sommo Pontefice.

II. I primi tentativi di aggiornamento

L'antica procedura, anche se saggiamente strutturata, di fronte all'aumento progressivo del numero delle cause si rivelava troppo complessa e sempre più spesso diventava un ostacolo per una tempestiva istruzione dei processi apostolici, che, in teoria, avrebbero dovuto costituire la base per il giudizio di merito

Inoltre, a partire dal secolo scorso, la critica storica aveva fatto grandi progressi ed anche nell'allora Congregazione dei Riti si era levata qualche voce auspicante l'applicazione dei metodi di questa disciplina nello studio delle cause di canonizzazione. Questa esigenza fu difatti accolta in un Decreto della Congregazione dei Riti, pubblicato per ordine di san Pio X il 26 agosto 1913[1].

Quel decreto fu recepito nel *Codex Iuris Canonici* del 1917 soltanto parzialmente, sebbene fosse citato undici volte nelle *notae* del card. P. Gasparri; furono infatti trascurate due disposizioni fondamentali del decreto, cioè:

a) che in *tutte* le cause — non soltanto in quelle *antiche* — con il processo informativo venissero compulsati *tutti i documenti,* editi e inediti, che in qualunque modo riguardassero la causa in questione (Decreto, n. II);

1 AAS 5 (1913), pp. 436-438.

b) che anche nelle cause già pendenti presso la Congregazione dei Riti non si procedesse *ad ulteriora* se non dopo l'esibizione e l'esame di tutti i documenti riguardanti la causa (Decreto, n. VII).

La mancata attuazione di queste disposizioni non fece che aggravare la posizione di un numero di cause sempre maggiore; infatti, dal momento che in molte cause il processo apostolico veniva istruito con ritardo e diventava impossibile raccogliere nuove prove testimoniali sull'esercizio delle virtù o sul martirio del servo di Dio, l'unica via per acquisire la pienezza delle prove, qualora non fossero sufficienti quelle già raccolte nel processo informativo, era quella di uno studio critico di eventuali fonti scritte.

Tale studio poi era indispensabile per le cause *antiche,* nelle quali le sole fonti scritte possono fornire le necessarie prove per le virtù o il martirio.

III. Istituzione della Sezione Storica della Congregazione dei Riti

Per rimediare sia alle deficienze del metodo che a quelle strutturali del competente Dicastero, il papa Pio XI, con il Motu proprio *Già da qualche tempo*[2] del 6 febbraio 1930, istituì in seno alla Congregazione dei Riti una *Sezione Storica,* il cui compito fu appunto quello di apportare un efficace contributo per la trattazione delle cause «storiche» dei servi di Dio, cioè di «quelle per le quali (trattisi della vita, delle virtù, del martirio o di antico culto) non si possono raccogliere deposizioni di testimoni contemporanei ai fatti in causa, né si hanno documenti certi di tali deposizioni debitamente raccolte in tempo opportuno»[3].

Lo stesso Pontefice fece poi pubblicare dalla Congregazione dei Riti le *Normae servandae in construendis processibus ordinariis super causis historicis*[4] del 4 gennaio 1939, con le quali rese praticamente superfluo il processo *apostolico* nelle cause «storiche»; da allora, quindi, in queste cause si è avuto soltanto il processo *ordinario,* previa raccolta di tutta la documentazione riguardante la causa.

Oggi, a distanza di oltre cinquant'anni, si possono valutare ap-

[2] AAS 22 (1930), pp. 87-88.

[3] Cf. il nostro articolo commemorativo del cinquantenario dell'Ufficio storico-agiografico – già Sezione Storica – della Congregazione, ne *L'Osservatore Romano,* 7 febbraio 1980, p. 5.

[4] AAS 31 (1939), pp. 174-175.

pieno i benefici effetti di quella apparentemente modesta riforma di Pio XI, non soltanto in relazione a qualche centinaio di cause «storiche», ma anche per aver contribuito ad un cambiamento di mentalità, nel senso di una accresciuta sensibilità storica a tutti i livelli. Di fatto, col passar del tempo, anche per le cause «recenti» è stato sempre più frequentemente richiesto l'intervento della Sezione Storica, dal 1969 denominata *Ufficio storico-agiografico.* Tutto questo, ad un certo momento, doveva necessariamente far riflettere se non fosse opportuno dare a *tutte* le cause una impostazione storico-critica.

In definitiva, la legislazione entrata in vigore nel 1983 rappresenta il punto di arrivo di quel processo di aggiornamento avviato da Pio XI, la cui riforma del 1930/39 costituì appunto un primo passo e una implicita indicazione per ulteriori sviluppi nel lavoro di revisione. Con l'attuale legislazione ci troviamo perciò di fronte ad una evoluzione della procedura avvenuta nella continuità, e non di fronte ad una rivoluzione, come taluno potrebbe pensare per il fatto che certe formalità, divenute ormai inutili, sono state eliminate.

IV. Recenti modifiche della legislazione del Codex Iuris Canonici

Prima di soffermarci sulla vigente legislazione è però necessario ricordare vari interventi legislativi che l'hanno preceduta.

Già negli anni Sessanta si cominciò a pensare alla unificazione dei processi *ordinario* e *apostolico,* allo scopo di raccogliere per tempo tutte le prove necessarie in una causa di canonizzazione; ciò, evidentemente, riguardava soltanto le cause «recenti» (non «storiche»), per le quali ancora si facevano i due processi. Per esse, quindi con il M. p. *Sanctitas clarior*[5] del 19 marzo 1969, fu disposto un *unico processo cognizionale* che il Vescovo diocesano avrebbe istruito, previa autorizzazione della Santa Sede.

Pochi mesi dopo, con la Cost. Apost. *Sacra Rituum Congregatio*[6] dell'8 maggio 1969, al posto della Congregazione dei Riti vennero istituiti due nuovi Dicasteri: uno per il Culto divino, l'altro per le Cause dei Santi; al tempo stesso fu parzialmente modificata anche la procedura nella trattazione delle cause.

[5] AAS 61 (1969), pp. 149-153.
[6] AAS 61 (1969), pp. 297-305.

Ma né il M. p. *Sanctitas clarior* né la *Cost. Apost. Sacra Rituum Congregatio* (parte II) furono applicati esattamente così come erano concepiti; ben presto, infatti, si sentì il bisogno di ricorrere a delle dispense e a delle facoltà speciali in deroga a questa o a quell'altra disposizione dei documenti predetti. Quando poi fu redatto un primo abbozzo delle «norme particolari», previste dal M. p. *Sanctitas clarior* — il Vescovo infatti avrebbe dovuto procedere «servatis praescriptis Iuris communis et *peculiaribus Normis, a Sacra Rituum Congregatione ad hoc edendis*», — da diverse parti fu auspicato che si procedesse ad una organica revisione di tutta la legislazione riguardante le cause dei santi.

V. Revisione organica dell'intera legislazione

Questo non facile compito fu affidato dal Pontefice Paolo VI ad una Commissione composta dai Prelati della Congregazione e da alcuni canonisti e teologi, sotto la presidenza del compianto card. Pericle Felici. Lo *Schema canonum* elaborato da questa Commissione venne poi esaminato da una successiva Commissione ristretta, la quale redasse un secondo *Schema.* Si cercò poi di unificare e armonizzare i due Schemi; il terzo *Schema* che ne risultò fu sottoposto all'esame degli Officiali Maggiori della Congregazione e del rappresentante dei Postulatori; tenendo conto delle osservazioni raccolte, una Commissione di tre Cardinali redasse infine un quarto *Schema,* siglato il 23 giugno 1980.

Per la verità, in tutto questo lavoro di revisione ci si era limitati a ridurre ad unità la legislazione allora vigente, sparsa nel Codice di diritto canonico e nei posteriori documenti pontifici, nonché in una serie di facoltà speciali più recenti. Chi però era addetto allo studio delle cause si rendeva conto della necessità di una più radicale riforma, auspicata anche dall'esterno della Congregazione. A tal fine bisognava affrontare alcuni problemi di fondo.

In concreto, il principio della competenza esclusiva della Santa Sede nelle cause di canonizzazione andava riveduto da un duplice punto di vista: occorreva riesaminarlo sia alla luce della dottrina conciliare sulla Collegialità dei Vescovi, sia tenendo conto dell'esperienza stessa della Congregazione, poiché non solo le cause «storiche» (per le quali, come già detto, si faceva solo il processo *ordinario*), ma anche la maggior parte di quelle «recenti» (che disponevano dei processi *apostolici*) erano principalmente fondate sulle prove raccolte nei processi *ordinari*.

Da ciò la domanda: perché non lasciare ai Vescovi il compito di istruire *iure proprio* anche le cause «recenti» (cioè quelle che dispongono di validi testi oculari per le virtù o il martirio del servo di Dio)? In tal modo si sarebbero ottenuti due vantaggi: da una parte, i Vescovi diocesani sarebbero stati più responsabili nella promozione delle cause, pur restando alla Santa Sede il diritto di studiarle e di esprimere il giudizio di merito; dall'altra la Congregazione, affrancata da una notevole mole di lavoro richiesto dall'esame previo del materiale in vista della concessione del «nihil obstat» per l'introduzione della causa, avrebbe potuto meglio attendere allo studio delle cause in ordine alla preparazione delle *Positiones* sulle virtù o sul martirio.

Si sentiva poi la necessità di dare anche alle *Positiones* delle cause «recenti» una impostazione storico-critica, analoga a quella in uso per le cause «storiche» — ma per raggiungere questo scopo era necessaria una ristrutturazione del Dicastero e l'immissione in esso di un maggior numero di studiosi di provata competenza cui affidare il compito di dirigere lo studio delle cause fino alla stampa delle *Positiones*. A questi studiosi (Relatori) sarebbe spettato, tra l'altro, di individuare, durante lo studio di una causa, eventuali difficoltà e ordinare ulteriori ricerche e studi per risolverle, di modo che, alla fine, la *Positio* potesse contenere tutti quegli elementi di giudizio necessari ai teologi per esprimere il voto sull'esercizio eroico delle virtù o sul martirio del servo di Dio.

In questa prospettiva, anche il ruolo del Promotore della Fede doveva essere riveduto a tutto vantaggio dello snellimento della procedura: si riteneva infatti conveniente che il Promotore della Fede intervenisse soltanto nella fase di giudizio sul merito della causa.

Tenendo presenti tutti questi obiettivi si è proceduto alla elaborazione di un *nuovo progetto di legge* che il Santo Padre fece sottoporre all'esame di una Congregazione Plenaria dei Cardinali del Dicastero nei giorni 22 e 23 giugno 1981.

Ai membri della Plenaria furono presentati i testi della progettata *Constitutio Apostolica* e della *Instructio de inquisitionibus ab Episcopis faciendis in causis sanctorum* (il titolo *Instructio* è poi stato sostituito da quello di *Normae*); per quest'ultima, in buona parte, fu utilizzato lo *Schema canonum* siglato il 23 giugno 1980. Approvati sostanzialmente i testi dei due documenti, si poté procedere alla loro rifinitura; contemporaneamente venne apprestato il *Decretum generale* contenente le norme transitorie per le cause già in corso; infine, è stato redatto anche il *Regolamento interno* della Congregazione, previsto dalla Cost. Apost. *Regimini Ecclesiae Universae* (n. 12).

Per disposizione del Santo Padre, i testi definitivi furono distribuiti a tutti i Capi Dicastero della Curia Romana, i quali, nell'adunanza del 28 gennaio 1982 alla presenza dello stesso Santo Padre, poterono esprimere il proprio parere.

Dei suddetti documenti i primi tre sono stati pubblicati, mentre il *Regolamento* resta, per ora, *ad usum internum* del Dicastero.

VI. Struttura della nuova legislazione

La legge fondamentale è contenuta nella Cost. Apost. *Divinus perfectionis Magister,* la quale prevede una nuova impostazione della procedura delle cause, come pure la ristrutturazione del competente Dicastero.

La nuova impostazione, come abbiamo già accennato, è stata dettata da tre esigenze principali:

a) coinvolgere maggiormente i Vescovi diocesani nelle cause di canonizzazione, affidando loro la responsabilità per la raccolta delle prove, che essi quindi conducono con potestà propria;

b) elevare il livello critico dello studio delle cause, dotando la Congregazione di strumenti idonei a tale scopo;

c) snellire la procedura, liberandola da formalismi inutili e distribuendo meglio le competenze del personale del Dicastero.

A base della nuova impostazione, poi, sta la piuttosto netta distinzione delle tre fasi nelle quali, di fatto, si svolge la ricerca della verità circa l'oggetto di una causa di canonizzazione:

1°, *l'inchiesta diocesana* che ha per scopo di raccogliere tutte le prove riguardanti la vita, l'attività, la morte, la fama di santità o di martirio e il fondamento di questa fama, ossia le virtù eroiche o il martirio del servo di Dio, l'antico culto (se è il caso), nonché le prove di eventuali miracoli;

2°, *lo studio, presso la Congregazione,* del materiale documentario e testificale, e la preparazione di una esauriente *Positio super vita et virtutibus* o *super martyrio,* e poi della *Positio super miraculis,* sotto la guida di studiosi qualificati (Relatori);

3°, *la discussione in sede teologica,* prima da parte dei Consultori, sotto la direzione del Promotore della Fede (Prelato Teologo) e poi dei Cardinali e Vescovi, Membri del Dicastero.

Ciò premesso, sono sufficienti poche annotazioni per illustrare la struttura interna della *Constitutio Apostolica* che consta di un *prooemium* e di tre sezioni normative.

Nella parte teologica del *prooemium,* ribadita la dottrina del Concilio Ecumenico Vaticano II sulla chiamata universale alla santità, si rileva come in ogni tempo Dio suscita nella sua Chiesa delle anime che, seguendo più fedelmente le orme di Cristo, riescono a diventarne una immagine così viva da costituire per il Popolo di Dio un particolare richiamo ai valori del Regno dei Cieli. Il Magistero della Chiesa, a sua volta, fedele alla tradizione che dai primi tempi ha circondato di particolare venerazione la SS.ma Madre di Dio e gli Apostoli, nonché i martiri e poi anche quelli che con l'esercizio eroico delle virtù si sono imposti all'attenzione dei fedeli diventandone oggetto di venerazione e di invocazione, continua anche oggi a proporre sempre nuovi modelli di vita cristiana, inserendo nell'albo dei Santi coloro che, dopo accurate indagini, risultano aver subito il martirio per la loro fedeltà a Cristo o aver esercitato in grado non comune le virtù cristiane[7].

Nella parte storica del *prooemium* vengono richiamati i momenti più significativi della evoluzione legislativa in materia di cause dei santi, da Urbano VIII al *Codex Iuris Canonici,* fino alle più recenti innovazioni introdotte da Pio XI e da Paolo VI.

Infine vengono indicati i *motivi* per i quali è stata ritenuta necessaria la nuova legislazione (cf. sopra, *a–b–c*), che sostituisce tutte le precedenti, sia quella del Codice di diritto canonico (precisamente i canoni che erano rimasti in vigore dopo le riforme di Pio XI e Paolo VI) sia le norme posteriormente emanate.

La *sezione I* della Costituzione Apostolica tratta dell'*inchiesta diocesana,* affermando il principio della competenza del Vescovo in materia (*ibid.,* n. 1) e indicando le tappe che il Vescovo deve seguire (*ibid.,* n. 2).

Per i particolari si rimanda alle speciali *Normae* della Congregazione delle Cause dei Santi, pubblicate con data 7 febbraio 1983.

7 Cf. Cost. dogm. *Lumen gentium,* nn. 39, 40, 50.

Nella *sezione II* della Costituzione sono contenute disposizioni riguardanti la *competenza e la struttura della Congregazione delle Cause dei Santi.*

Durante l'inchiesta diocesana, la Congregazione, all'occorrenza, assiste i Vescovi con consigli e istruzioni; trasmessi gli atti dell'inchiesta a Roma, la stessa Congregazione studia a fondo la causa e prepara la relativa *Positio;* infine giudica sul merito.

Occasionalmente decide anche in merito alle ss. reliquie (*ibid.*, n. 3)[8].

Nei nn. 4-12, poi, sono precisate le singole competenze all'interno della Congregazione.

Ulteriori precisazioni si trovano nel *Regolamento* interno della Congregazione (Titolo I).

Nella *sezione III* della Costituzione è descritto l'iter di una causa dal momento in cui l'inchiesta diocesana è stata trasmessa alla Congregazione. E come già nel n. 2 della sezione I, vengono indicati soltanto i passi principali della causa, mentre una più particolareggiata descrizione della procedura viene data nel *Regolamento* (Titolo II).

Questo iter, ovviamente, è previsto per le cause iniziate dopo la promulgazione della nuova legge; per quelle invece già pendenti presso la Congregazione, con la disposizione n. 16 della Costituzione Apostolica si è demandato alla stessa Congregazione di stabilire, con un decreto, la procedura per il loro proseguimento, *«servata tamen mente huius novae legis»*. La mente della nuova legge è che in tutte le cause siano raccolte tutte le fonti scritte — e non solo le deposizioni orali — riguardanti la causa, e che la *Positio super virtutibus* o *super martyrio* sia fatta con metodo critico–scientifico, sotto la guida di un Relatore. Con ciò si è inteso evitare che in molte cause, una volta arrivati alla discussione di merito, si debba ricorrere a indagini supplementari, in taluni casi ricominciando lo studio quasi da capo.

Nel relativo *Decretum generale* della Congregazione le cause pendenti sono state classificate in quattro categorie, a seconda dello stadio in cui si trovavano al momento dell'entrata in vigore della

8 Nell'Art. 73 della Costituzione Apostolica *Pastor Bonus,* del 28 giugno 1988 è stata precisata la competenza della Congregazione in merito all'attribuzione del titolo di Dottore della Chiesa: «Spetta, inoltre, alla Congregazione di giudicare circa il titolo di Dottore da attribuire ai Santi, dopo aver ottenuto il voto della Congregazione della Dottrina della Fede per quanto riguarda l'eminente dottrina».

nuova legislazione[9]. Per evitare interpretazioni più o meno arbitrarie e incoerenti, la procedura da seguire in queste cause è stata ulteriormente precisata nel *Regolamento* (Titolo III).

Da questi brevi cenni si può rilevare come la Costituzione Apostolica contiene soltanto le disposizioni essenziali che sono e saranno sempre valide nella trattazione delle cause di canonizzazione, come pure quelle riguardanti la nuova struttura del Dicastero. Per i particolari si rimanda ai due documenti esecutivi: uno contenente le *norme che regolano l'inchiesta diocesana* (le *Normae* del 7 febbr. 1983), l'altro contenente le *norme transitorie riguardanti le cause che al momento dell'entrata in vigore della nuova legge erano già in corso presso la Congregazione (Decretum generale* del 7 febbr. 1983)[10].

[9] Vedi infra, Appendice I, pp. 95-97.

[10] Le disposizioni più particolareggiate riguardanti il *modus procedendi nella Congregazione* (cf. *Sezione III* della Costituzione Apostolica), che si trovano attualmente nel *Regolamento* provvisorio (Titolo II e III), nella redazione definitiva andrebbero pubblicate in un documento legislativo analogo a quello delle *Normae* riguardanti l'inchiesta diocesana, e non in un eventuale Regolamento interno.

Capitolo II

IL RUOLO DEI VESCOVI DIOCESANI NELLE CAUSE DI CANONIZZAZIONE

La Costituzione Apostolica *Divinus perfectionis Magister,* n. 1, assegna ai Vescovi diocesani, e a quanti *in iure* vengono ad essi equiparati (cf. can. 381 § 2, v. anche il can. 134 § 3), il compito di condurre, entro i limiti della propria giurisdizione, l'inchiesta riguardante la vita, le virtù o il martirio, la fama di santità o di martirio, gli asseriti miracoli e, se è il caso, l'antico culto di un servo di Dio, di cui si chiede la canonizzazione.

Prima di soffermarci sull'oggetto di questa inchiesta, proponiamo alcune riflessioni storico–giuridiche e teologiche sulla potestà dei Vescovi e l'esercizio della medesima nelle cause di canonizzazione.

I. Cenni storici

Nel primo millennio della Chiesa, il culto dei santi era regolato dalle Chiese locali (dai singoli Vescovi o dai Sinodi episcopali)[1]. Solo verso la fine del secolo X si cominciò a chiedere l'intervento del Romano Pontefice per l'inaugurazione del culto pubblico ecclesiastico in onore di un servo di Dio morto in concetto di santità. Con l'entrata in vigore delle *Decretali* di Gregorio IX (1234), la canonizzazione diventò di esclusiva competenza della Sede Apostolica[2]; il che tuttavia non impedì l'insorgere di nuovi culti locali. Soltanto Ur-

[1] Cf. A. AMORE, *Culto e canonizzazione dei santi nell'antichità cristiana,* in «Antonianum» 53 (1977), pp. 38-40; IDEM, *La canonizzazione vescovile,* ibid., pp. 231-266.

[2] Cf. S. KUTTNER, *La réserve papale du droit de canonisation,* in «Revue Historique de droit français et étranger», IV série, 17 (1938), pp. 172-228 (v. p. 211s).

bano VIII, quattro secoli dopo, con i noti Decreti sul *non culto,* riuscì a mettere fine a questo fenomeno[3]. Da allora, nessun nuovo culto pubblico ecclesiastico poté essere introdotto senza l'autorizzazione della Santa Sede.

Lo stesso Urbano VIII fece promulgare una minuta legislazione riguardante la procedura delle cause di canonizzazione[4] che, ulteriormente perfezionata nei secoli XVII e XVIII, è poi passata nel *Codex Iuris Canonici* del 1917.

Secondo questa legislazione, anche l'istruttoria in una causa di canonizzazione cadeva sotto la competenza della Santa Sede; quindi dopo l'introduzione della causa presso la Congregazione dei Riti, spettava a quest'ultima di autorizzare l'istruzione dei processi apostolici sia sulla *fama* di santità *in genere* che sulle virtù *in specie* o sul martirio e la sua causa, nonché sui miracoli.

Tuttavia, perché una causa potesse essere introdotta presso la Santa Sede, l'Ordinario del luogo doveva prima istruire un processo *informativo* sulla fama di santità (o del martirio) del servo di Dio, raccogliere tutti i suoi scritti e, mediante un processo particolare, accertare l'osservanza dei Decreti di Urbano VIII sul *non culto.* Questi «atti dell'Ordinario — come veniva precisato in una Istruzione della Congregazione dei Riti del 1878[5] — tuttoché necessari e rilevantissimi, non sono che informativi, validi cioè soltanto a rendere informata ed istruita la Santa Sede».

Ma in realtà — come si ammetteva nella stessa Istruzione — i processi ordinari, «uniti in seguito ai processi compilati con autorità Apostolica, *servono ordinariamente a fornire le più piene prove* nelle maggiori sedi di giudizio»[6]: ammissione, questa, che va al di là del significato delle parole, poiché, molto spesso le *principali* prove sulle virtù *in specie* venivano raccolte proprio nei processi ordinari. Così si comprende meglio perché nell'Istruzione veniva rivolta agli

[3] *Decreta SS.mae Inquisitionis* del 13 marzo e 2 ottobre 1625, confermati in forma specifica con il breve *Caelestis Hierusalem cives* del 5 luglio 1634. Vedi in *URBANI VIII Pontificis Optimi Maximi DECRETA servanda in Canonizatione, et Beatificatione Sanctorum. Accedunt Instructiones, et Declarationes quas Em.mi S.R.E. Cardinales Praesulesque Romanae Curiae ad id congregati ex eiusdem Summi Pontificis mandato condiderunt. Romae, Ex Typographia Rev. Cam. Apost. MDCXLII.*

[4] La legislazione definitiva di Urbano VIII è contenuta nella raccolta citata sopra, nota 3; il Pontefice la approvò e fece pubblicare il 12 marzo 1642.

[5] *Cause di Beatificazione. Procedura canonica,* fascicolo di 12 p. (Arch. S.C.C.S., «Decreta in causis Servorum Dei anni 1878», f. 7). Il testo è stato riportato in *Codicis Iuris Canonici Fontes,* VIII, n. 6104, pp. 214-218 (citate nelle note seguenti).

[6] Ibid., p. 216. Il corsivo è nostro.

Ordinari la seguente raccomandazione: «Sebbene quindi al fine immediato di ottenere l'introduzione della Causa sia bastante che l'inquisizione ordinaria si faccia sulla *fama* di santità, virtù o martirio, miracoli e segni; nondimeno procedendosi di poi dalla S.Congregazione nella Causa, come si è detto, con duplice processo, è *opportunissimo* che *l'Ordinario si valga della sua potestà comprendendo nella sua inquisizione non solo la fama, ma anche le prove in specie delle virtù o martirio, miracoli e segni*».

A questo punto, mancava poco per lasciare che i Vescovi raccogliessero tutte le prove *auctoritate propria.* Ma nel 1878 difficilmente si sarebbe osato mettere in questione la legislazione del tempo e contestare la necessità di un processo *apostolico,* anche se, in qualche caso, fosse apparso scontato che esso non avrebbe arricchito sostanzialmente l'apparato probatorio del processo ordinario.

Il *Codex luris Canonici* del 1917, con il can. 2050 § 2, si limitava alla dichiarazione che nel processo informativo «Non est necesse ut constet in specie de virtutibus, martyrio, miraculis, sed sufficit ut probetur fama in genere... »; ma chi si accontentava dello strettamente necessario (fama in genere), correva il rischio che, per il numero delle cause e il ritardo non infrequente dei processi apostolici, la causa rimanesse priva delle necessarie testimonianze sulle *virtù in specie.*

Dopo l'istituzione della Sezione Storica della Congregazione dei Riti[7] ed una certa esperienza dello studio delle cause «storiche» si sentì il bisogno di regolare in modo nuovo l'istruzione di queste cause, facendo *raccogliere nel processo ordinario tutte le prove;* a tal fine, appunto, furono promulgate le *Normae servandae in construendis processibus ordinariis super causis historicis*[8] del 4 gennaio 1939.

Per le cause «recenti», invece, continuò a rimanere in vigore la procedura tradizionale, che solo con il M.p. *Sanctitas clarior*[9] del 19 marzo 1969 fu modificata: al posto dei due processi, ordinario e apostolico, veniva previsto un unico processo cognizionale, che però il Vescovo poteva istruire solo dopo aver ottenuto il «nihil obstat» della Santa Sede. Qualcuno aveva sperato che questo «nihil obstat» sarebbe stato un mezzo efficace per selezionare le cause o per renderne più seria l'istruzione, ma le cose non sono andate così[10].

7 Il M.p. *Già da qualche tempo* del 6 febbraio 1930, in AAS 22 (1930), pp. 87-88.

8 AAS 31 (1939), pp. 174-175.

9 AAS 61 (1969), pp. 149-153.

10 Cf. F. VERAJA, *Il M.p. «Sanctitas clarior» e le cause «storiche» dei santi,* in «Mo-

La nuova legislazione autorizza pertanto i Vescovi diocesani a raccogliere, *auctoritate propria,* tutte le prove necessarie per una causa di canonizzazione.

II. Nel segno della Collegialità

Questa disposizione, oltre che sufficientemente motivata dall'esperienza, appare anche più consona all'ufficio proprio dei Vescovi che è quello di governare le Chiese particolari ad essi affidate nonché di collaborare col Successore di Pietro per il bene di tutta la Chiesa[11].

La «potestà che personalmente esercitano in nome di Cristo, è propria, ordinaria e immediata, quantunque il suo esercizio sia in definitiva regolato dalla suprema autorità della Chiesa e, entro certi limiti, in vista dell'utilità della Chiesa o dei fedeli, possa essere circoscritto. In virtù di questa potestà i Vescovi hanno il sacro diritto e davanti al Signore il dovere di dare leggi ai loro sudditi, di giudicare e di regolare quanto appartiene al culto e all'apostolato»[12].

Esercitando tale potestà, i Vescovi un tempo davano inizio al culto dei Santi delle loro Chiese. In seguito, tale esercizio, in questo determinato settore, è stato limitato dalla Sede Apostolica; ora i limiti fissati nel passato sono stati riveduti, nel senso che il compito spettante ai Vescovi nelle cause di canonizzazione essi lo adempiono agendo con potestà *propria.*

Ciò appare anche coerente con la natura stessa delle cause di canonizzazione. Da un lato, infatti, la canonizzazione consiste nell'introduzione di un nuovo culto precettivo universale e, come tale, compete unicamente al Papa che ha la giurisdizione su tutta la Chiesa. Di conseguenza, alla Santa Sede incombe anche il diritto–dovere di studiare il caso proposto. D'altro lato, l'iniziativa di una causa parte sempre da una Chiesa particolare, nella quale il servo di Dio è vissuto ed è morto in concetto di santità; è quindi nella rispettiva Chiesa che devono essere fatte le inchieste relative alla sua vita virtuosa o al martirio. Pertanto, il foro proprio, naturale di tali inchieste è presso il Vescovo diocesano, il quale così offre al Papa la propria

nitor ecclesiasticus», vol. CIV (1979), pp. 315-337; IDEM, *Alcune proposte per il rinnovamento delle cause dei santi,* in «Monitor eccl.», vol. CV (1980), pp. 305-322.

11 Cost. dogm. *Lumen gentium,* nn. 27 e 22.

12 Ibid., 27.

collaborazione responsabile in un negozio che è destinato al bene di tutta la Chiesa.

III. Esercizio della potestà dei Vescovi nelle cause di canonizzazione

Dalle considerazioni suddette altre derivano che riguardano l'ambito e l'*esercizio* della potestà del Vescovo per il caso specifico.

Innanzi tutto, a scanso di equivoci, va ribadito che rimane in pieno vigore la norma secondo cui — per citare le parole dell'Istruzione del 1878 — «come è tolta agli Ordinari la facoltà di decretare e concedere il culto, così è loro vietato di approvare il martirio, le virtù, i miracoli, le rivelazioni dei Servi di Dio; cose tutte che potrebbero indurre i fedeli a prestare il culto preventivamente al giudizio del Papa»[13].

Tuttavia non per questo il Vescovo deve considerarsi un semplice raccoglitore di prove, come talvolta si è ritenuto. Il Vescovo diocesano infatti non potrebbe assolvere il proprio ruolo di collaboratore del Successore di Pietro senza una certa facoltà di giudicare sul merito stesso della causa; questa facoltà gli viene infatti riconosciuta dalla nuova legislazione.

Egli deve giudicare anzitutto sulle condizioni richieste per dar inizio alla causa[14]; dovrà poi ad ogni tappa dell'inchiesta verificare se vi siano le condizioni per procedere alla tappa successiva. Ultimata l'inchiesta, il Vescovo si farà informare dal suo Delegato e dal Promotore di giustizia sulla consistenza delle prove raccolte, e nel caso che queste appaiano chiaramente insufficienti agli effetti della causa, farà bene a non inoltrare gli atti alla Congregazione prima di averla informata dello stato della causa e aver ricevuto le opportune istruzioni.

IV. Condizione indispensabile per dare l'avvio ad una causa

Condizione indispensabile per iniziare l'inchiesta diocesana formale in una causa di canonizzazione è l'esistenza di una vera *fama di santità* o di *martirio* del servo di Dio.

[13] *C.I.C. Fontes,* VIII, p. 216s.

[14] Al Vescovo diocesano era sempre riconosciuta la facoltà di valutare le ragioni del Postulatore che chiedeva l'istruzione del processo informativo; cf. can. 2038 2: «... si petitionem admittendam existimaverit».

a) La fama di santità *in genere* viene da Benedetto XIV definita come opinione comune circa il grado *non comune* delle virtù del servo di Dio[15]. Non basta quindi che il servo di Dio abbia condotto una vita irreprensibile (non si tratta «de virtutibus utcumque»), ma è necessario che il suo modo abituale di esercitare le virtù sia stato superiore a quello di altri buoni cristiani della stessa condizione. Questa *non comune* virtù costituisce appunto il *fondamento* di una vera fama di santità.

b) Ma per poter parlare di una autentica *fama* di santità, essa — secondo il vecchio can. 2050 § 2, che in sintesi conteneva la dottrina di Benedetto XIV — deve essere:

- *spontanea, non arte aut diligentia humana procurata,*
- *orta ab honestis et gravibus personis,*
- *continua, in dies aucta et vigens in praesenti apud maiorem partem populi.*

L'*origine* della fama di santità, quindi, va ricercata nell'opinione comune di persone gravi che abbiano potuto osservare da vicino il servo di Dio e rendersi conto della sua *non comune* virtù. Di conseguenza, se una «fama» non risultasse riconducibile all'opinione comune dei contemporanei, ma avesse avuto inizio molto più tardi (ad esempio, per il desiderio di vedere canonizzato il fondatore del proprio Istituto), tale fama mancherebbe di una delle sue note essenziali; sarebbe anche una presunzione il voler dimostrare la santità eroica di un individuo morto un secolo (o più secoli) prima, senza che tale santità fosse stata notata dai suoi contemporanei. In altri termini, senza le prove di una autentica fama di santità non si giustifica una causa di canonizzazione.

c) Per Benedetto XIV, la vera fama di santità comporta sempre

[15] «Fama autem sanctitatis in genere nihil aliud est, quam existimatio seu communis opinio de puritate et integritate vitae, et de virtutibus non utcumque, sed per continuos actus, data occasione, exercitos supra communem operandi modum aliorum proborum virorum, aut mulierum ab aliquo Servo vel Serva Dei jam defunctis, necnon de miraculis eorum intercessione a Deo patratis; ita ut, concepta in uno vel pluribus locis erga eos devotione, a plerisque in suis necessitatibus invocentur et plurium graviorum virorum judicio digni existimentur, ut per Sedem apostolicam referantur in album Beatorum vel Sanctorum.

Similiter fama martyrii in genere nihil aliud est, quam existimatio et communis opinio, quod aliquis vel aliqua pro fide Christi, vel virtute, quae ad fidem Christi deducatur, illatam sibi mortem patienter tulerit, et quod signa seu miracula eorum intercessione, vel ad patefaciendam eorum pretiosam mortem secuta sint; ita ut, apud plerosque concepta devotione in suis necessitatibus invocentur, et graviorum virorum existimatione digni iudicentur, ut in catalogum Beatorum et Sanctorum a summo Pontifice referantur». BENEDICTUS XIV, lib. II, cap. 39, num. 7, ed. Prato 1839, p. 342.

una devozione verso il servo di Dio e la fiducia nel suo potere d'intercessione, per cui la gente lo invoca; le grazie ricevute, poi, sono quelle che maggiormente contribuiscono alla diffusione della fama. Si crea così un certo movimento all'interno della comunità dei fedeli, il quale non si spiega se non con l'intervento divino. La fama di santità e di grazie induce a vedervi un misterioso progetto di Dio che vuole essere glorificato in colui che, resosi conforme all'immagine di Gesù, con le sue «opere buone» è divenuto «la luce che risplende davanti agli uomini» (cf. Mt 5, 16).

d) In concreto, se si tratta di una causa «antica» e la fama di santità del servo di Dio è stata continua dopo la morte, il fatto stesso del perdurare di tale fama depone a favore della sua autenticità, a condizione che si possa dimostrare che la fama stessa ha avuto origine da «persone gravi», testi oculari della vita virtuosa del servo di Dio. Se il servo di Dio è morto recentemente, è saggio lasciar tempo al tempo, per verificare che si tratti di una vera fama di santità «continua, in dies aucta», e non di un entusiasmo temporaneo. Secondo l'attuale normativa, il Vescovo non può accettare il supplice libello del Postulatore prima che siano passati cinque anni dalla morte del servo di Dio; non è detto però che deve subito dare l'avvio all'inchiesta formale, lo farà soltanto dopo essersi convinto di una autentica fama di santità. Quale fama, infatti, sarebbe quella di cui il Vescovo competente non fosse convinto?

A questo punto conviene riprodurre dall'Istruzione del 1878 la parte relativa ai criteri cui il Vescovo deve attenersi nell'iniziare una causa.

«Ora quali saranno i criteri da seguire dagli Ordinari in parte così interessante ad essi affidata nelle Cause di beatificazione, e tanto più interessante, in quanto ai medesimi spetta il punto gravissimo del dare l'iniziamento alla Causa? [...] I criteri non possono essere altri da quelli ritenuti per massima indeclinabile dalla Sede Apostolica, e si compendiano nella maturità del procedere e nell'aborrimento da ogni ombra di precipitazione. Infatti la citata lettera enciclica del 1631 trasmessa per norma degli Ordinari[16], li vuole fin dall'esordio informati da questo spirito: *Quum quotidie magis notum fiat quanta sinceritate mentis et maturitate cognitionis incipere et prosequi deceat eorum Causas qui diem ultimum obiere non sine aliqua populis*

[16] La lettera del 12 marzo 1631, inserita nella citata raccolta (v. sopra, nota 3).

relicta opinione sanctitatis, et quam accurate fideliterque in re tanti momenti adhiberi testes, et in examen vocari conveniat etc. Prosegue quindi per quello segnatamente che riguarda il dar principio agli atti giuridici: *Quando apud Amplitudinem tuam ab aliquo petitum fuerit, ut velit inquirere in sanctitatem vitae et miracula alicuius, qui cum praedicta fama obiisse dicatur, quoniam nimia plerumque proclivitas atque celeritas occasionem errori praebet, non prius generaliter super vitae sanctitate inquiri permittat, quam peculiariter de alicuius virtutis eminenti gradu, aut peculiari aliquo miraculo praecedat famae comprobatio, prout prudentiae tuae magis expedire videbitur.* È chiaro che non subito debbono gli Ordinari istruire i processi, ma dopo essersi maturamente assicurati con tutte le regole della prudenza, che esiste una vera fama: *non debere Ordinarios statim initium dare processui beatificationis et canonizationis, ne temere inquisitio instituatur; sed expectandum ut vigeat fama aut alicuius virtutis eminentis, aut alicuius miraculi patrati.*[17] (Benedictus XIV, op. de Beat. et Canoniz., lib. II, cap. II, num. 14). Essere necessaria una fama comprovata, *famae comprobatio,* vuol dire che questa presenti caratteri di vera fama di santità e tale da poter reggere alle prove che deve poi subire tanto nel processo ordinario, quanto in uno speciale processo Apostolico che ha luogo dopo l'introduzione della Causa. Queste note essenziali si presentano subito allo sguardo di chi legge l'ultimo degli interrogatori generali che a tale uopo si propongono in processo a testimoni e sono inseriti nei decreti: *Interrogetur... an sciat, quid sit fama, et an illa viguerit in aliqua parte populi, an vero in maiori. An orta sit ex probabilibus causis, vel potius fuerit vanus rumor populi. An habuerit originem a perso-*

[17] Vale la pena di citare, come esempio della prudenza, il modo di procedere di Don Pietro Ricaldone, Rettore Maggiore dei Salesiani, nel promuovere la causa del beato Filippo Rinaldi, suo predecessore. Citiamo soltanto un brano della sua deposizione al processo ordinario di Torino (*Summarium,* p. 298s): «[...] ebbi ripetute pressioni perché mi adoperassi per l'introduzione della Causa del Servo di Dio. Ne parlai anche coi membri del Capitolo Superiore. Ma fummo tutti d'avviso che si aspettasse qualche cosa di particolare, che fosse come, se non manifestazione, almeno indizio della volontà Divina. Indicai pure l'ultima risposta da me data all'ultima richiesta. Fu proprio pochi giorni dopo, che mi giunse una lettera del Vicario generale di Mons. Sebastiano Brianca, Vescovo di Mondovì, informandomi del fatto straordinario avvenuto a Suor Maria Carla Denoni, colpita in modo gravissimo durante l'incursione, mentre si recava appunto a Mondovì. [...] Di questa guarigione, ritenuta miracolosa, volli che si facesse il processo. S.Ecc.. il Vescovo di Mondovì formò un tribunale ecclesiastico, che istituì un processicolo ad futuram rei memoriam [...]». Questo miracolo incoraggiò i superiori salesiani a promuovere la causa e servì poi per la beatificazione del Servo di Dio.

nis nimis affectis, vel suspectis et interessatis, puta coniunctis vel affinibus, amicis intrinsecis, vel aliis quibuscumque qui ob aliquam... causam aliquod interesse, saltem affectionis, habere possint. An personae, a quibus fama orta est, essent personae graves et fide dignae, an potius leves et ordinariae... An... fama fuerit constans et perpetua, quae semper duraverit, vel brevi et per modicum tempus, et cito evanuerit. An contra huiusmodi famam fuerit umquam aliquid dictum, factum vel auditum in contrarium etc. Per accertarsi prudentemente di tutto questo, non si richiederà maturo consiglio e tempo?»

Prima che il Vescovo, il Postulatore stesso dovrà tener conto di questi requisiti, evitando di forzare la mano al Vescovo. Né questi si lascerà sedurre da facili entusiasmi, talvolta forse anche interessati né dalle pressioni dell'«opinione pubblica» — che è cosa ben diversa dalla vera fama di santità —, soprattutto quando dietro a questa stanno i potenti mezzi di comunicazione. Già nella citata Istruzione del 1878, con riferimento a tali pressioni, si precisava che «sarebbe tutt'altro che saggia ed opportuna cosa... l'istare presso l'autorità Ordinaria perché si affretti a dar mano all'opera e rompere ogni dimora; valendosi all'effetto eziandio della pubblica stampa quasi per eccitare un che di simile a ciò che nei sistemi del giorno corre col nome di pubblica opinione. Sarebbero questi invece casi d'impegno e fervore straordinario, benché lodevolissimo, che domanderebbero, a preferenza, maggiore circospezione e maturità di tempo per ben discernere le reali e solide qualità della fama, e guardarsi da ogni allucinazione, *quae* (come si espresse Giovanni XXII...) *tanto periculosior foret in talibus, quanto in maioribus erraretur*»[18].

V. Oggetto dell'inchiesta diocesana

L'oggetto dell'inchiesta giuridica che il Vescovo è autorizzato a compiere in una causa di canonizzazione è «la vita, le virtù o il martirio, la fama di santità o di martirio, gli asseriti miracoli e, se è il caso, l'antico culto del servo di Dio, di cui si chiede la canonizzazione» (Cost. Apost., n. 1).

a) SERVI DI DIO NON MARTIRI. — Se si tratta di un servo di Dio *non martire*, l'oggetto dell'inchiesta sarà «la vita, le virtù e la fama di

18 *C.I.C. Fontes*, VIII, p. 217s.

santità» del medesimo. Secondo Innocenzo IV — seguito dagli altri decretalisti — sono necessarie le «probationes ... de fide et excellentia vitae, et miraculis eius, qui petitur canonizari... Et oportet tantam esse excellentiam vitae, et talia esse miracula, quod sint ultra vires et potentiam naturae»[19]. Ciò che i canonisti intendevano per l'*excellentia vitae*, i teologi poi esprimeranno con il termine di *virtù eroiche*. Ora per esprimere un giudizio sul grado eminente delle virtù di una persona bisogna prima conoscere il suo modo di agire nelle varie circostanze della vita. Non bastano quindi i giudizi generici dei testi sulle virtù del servo di Dio, ma questi giudizi devono essere corroborati con fatti concreti, ossia è necessario conoscere la vita concreta del servo di Dio, per rendersi conto del suo modo abituale di agire[20].

Anche la fama di santità è oggetto dell'inchiesta giuridica, come è espressamente detto nel testo legislativo. Nel precedente paragrafo abbiamo trattato della fama di santità come condizione indispensabile perché il Vescovo dia l'avvio ad una inchiesta formale: «È chiaro che non subito debbono gli Ordinari istruire i processi, ma dopo essersi maturamente assicurati con tutte le regole della prudenza, che esiste una vera fama...». Le prove di tale fama però, devono essere raccolte nell'inchiesta giuridica, come in passato si faceva nel processo informativo ordinario e in quello apostolico sulla fama «in genere» (quando quest'ultimo veniva istruito[21]).

La nuova legislazione, infatti, non ha cambiato nulla quanto all'oggetto dell'inchiesta giuridica. Ciò che è cambiato è la procedura dell'inchiesta: la fama di santità non è più oggetto di un'inchiesta a parte (qual'era l'antico processo informativo), ma in un'unica inchiesta diocesana vengono raccolte tutte le prove necessarie sia sulla vita e le virtù che sulla fama di santità del servo di Dio[22].

[19] INNOCENTIUS IV, *In Quinque libros Decretalium commentaria,* Venezia 1578, f. 188r.

[20] Bernardo da Parma (+ 1266), nella sua glossa scrive che «testes *super vita* et miraculis recipiuntur» (cf. *Decretales D. Gregorii Papae IX suae integritati una cum glossis restitutae,* Roma 1582, col. 1395). L'espressione «vita, virtù» è ripetutamente usata nei recenti documenti pontifici (il M.p. *Già da qualche tempo* del 6 febbraio 1930; le *Normae* del 4 gennaio 1939; il M.p. *Sanctitas clarior* del 19 marzo 1969).

[21] Secondo i Decreti di Urbano VIII, questo processo non doveva mai essere omesso; il can. 2087 § 2 del CIC del 1917 ne prevedeva la dispensa se il Prefetto e il Promotore Generale della Fede non ritenevano «nec necessarium nec opportunum... de continuatione famae iterum inquirere»; nella prassi veniva (di solito) richiesto quando dal processo informativo fossero trascorsi più di trent'anni.

[22] È quindi inesatto affermare che la nuova legislazione «ha abolito il processo sulla fama di santità». Per evitare equivoci, occorre distinguere l'oggetto dell'inchiesta dalla procedura che la regola(va).

b) *VENERATI «AB IMMEMORABILI TEMPORE».* Può darsi che il candidato per la canonizzazione sia un servo di Dio vissuto nel basso Medioevo e che egli sia oggetto di culto pubblico ecclesiastico «ab immemorabili tempore». Se il culto non è stato già riconosciuto dalla Sede Apostolica, nel caso che si voglia promuovere la causa di un tale antico «Beato» deve essere raccolta, nell'inchiesta diocesana, la documentazione riguardante non solo la vita, le virtù e la fama di santità, ma anche l'antico culto (la sua origine e continuazione fino ai nostri giorni). Questa indagine sul culto è necessaria per due ragioni:

1° per accertare la legittimità del culto stesso. Avendo Urbano VIII proibito la venerazione pubblica di coloro che non fossero stati canonizzati o beatificati dalla Santa Sede, e avendo, negli stessi Decreti, eccettuato da questa proibizione coloro che, almeno cent'anni prima (ossia prima del 1534) erano oggetto del culto pubblico, occorre dimostrare che il caso in questione rientri tra quelli «eccettuati» («casus excepti a decretis Urbani VIII»), e che quindi tale culto è legittimo;

2° se si dimostra la legittimità di un tale culto, cioè che esso è un «casus exceptus a decretis Urbani VIII», non si richiedono i miracoli per ottenere che il servo di Dio venga equiparato, sul piano del culto, agli altri Servi di Dio *beatificati* dalla Santa Sede.

Va però precisato che il solo accertamento del «casus exceptus» non dà alcun diritto all'incremento del culto stesso, se al tempo stesso non viene dimostrata l'eroicità delle virtù o il martirio, come nelle altre cause di canonizzazione[23].

c) *MARTIRI.* — Se si tratta di un presunto martire, oggetto dell'inchiesta sarà il martirio stesso e la sua causa nonché la fama del martirio. È bene tuttavia fare almeno una sommaria inchiesta anche sulla vita del servo di Dio, perché il martirio spesso corona una vita vissuta santamente.

Qualora si trattasse di un «martire» venerato pubblicamente «ab immemorabili tempore», senza che il culto fosse stato confermato dalla Sede Apostolica, oltre le prove sul martirio dovrebbero essere raccolte anche quelle sul culto (come è stato detto nel precedente comma).

23 Vedi infra, Cap. VI, II, p. 92; Appendice I, Precisazioni, pp. 102-105: Appendice II.

d) *MIRACOLI.* — Le prove sulla «fama miraculorum» vanno raccolte nell'inchiesta sulla vita virtuosa; se invece si vuole raccogliere le prove di un presunto miracolo, l'inchiesta va fatta separatamente da quella sulle virtù (Cost. Apost., n. 2, 5°).

L'inchiesta su un fatto prodigioso può essere fatta in qualunque momento, indipendentemente dallo stato della causa; né è richiesto un «nulla osta» della Santa Sede.

Capitolo III

PROCEDURA DELL'INCHIESTA DIOCESANA NELLE CAUSE DI CANONIZZAZIONE

L'inchiesta diocesana in una causa di canonizzazione va fatta secondo le *Normae* del 7 febbraio 1983, di cui diamo un commento, indicando fra parentesi il numero d'ordine delle singole disposizioni.

I. Persone che prendono parte ad una inchiesta diocesana

1. ACTOR o promotore di una causa di canonizzazione è la persona fisica o giuridica che la promuove e che si assume l'obbligo di coprirne le spese.

Actor può essere un singolo fedele o, come avviene comunemente, un ente giuridico, ossia: un Ordine o Congregazione religiosa, una Diocesi, una Parrocchia, una Associazione di fedeli o un altro ente, anche civile, purché, in ogni caso, sia accettato come Actor dall'autorità ecclesiastica competente, cioè dal Vescovo cui spetta di condurre l'inchiesta diocesana (n. 1*a*).

Qualora un Vescovo voglia istruire una causa di propria iniziativa è opportuno che il ruolo di actor venga assunto dalla Diocesi come tale. Talvolta è una Conferenza Episcopale a farsi promotrice di una causa; in tal caso il Presidente della Conferenza nominerà il Postulatore, il quale si rivolgerà al Vescovo competente.

2. POSTULATORE. L'actor di una causa di canonizzazione può agire soltanto per il tramite di un Postulatore, che è la persona fisica, legittimamente nominata dall'Actor e approvata dal Vescovo (nn. 1*b*, 2*a*)[1].

[1] L'atto di nomina, indirizzato al Postulatore, sarà da questi presentato al Vescovo

Postulatore può essere non soltanto un sacerdote o un religioso, ma anche una religiosa o un laico, purché abbia una solida preparazione teologica, canonica e, in quanto richiesta dal caso, storica e sia esperto nelle cause dei santi (n. 3*a*).

Prima di dare la propria approvazione per la nomina di un Postulatore, il Vescovo, in considerazione del ruolo di primaria importanza del Postulatore nella istruttoria della causa, dovrà perciò verificare se la persona prescelta sia veramente preparata e idonea all'incarico.

Al Postulatore infatti spetta il compito di esaminare previamente la vita e l'opera del candidato alla canonizzazione, di vagliare la consistenza della fama di santità del medesimo e la rilevanza ecclesiale della causa, di rendersi ben conto di ogni possibile difficoltà (n. 3*b*).

Il Postulatore deve considerarsi come il primo collaboratore del Vescovo e, indirettamente, della Santa Sede nella ricerca della verità riguardante il candidato alla canonizzazione.

Mentre è in corso l'inchiesta diocesana, il Postulatore di regola avrà sede nella diocesi (o comunque dovrà essere facilmente raggiungibile dal Vescovo competente).

Se il Postulatore approvato dal Vescovo manterrà l'incarico anche nelle fasi successive alla inchiesta diocesana, quando cioè la causa sarà studiata presso la Congregazione delle Cause dei Santi, egli avrà allora bisogno dell'approvazione dello stesso Dicastero.

Durante il suddetto periodo il Postulatore dovrà avere in Roma la propria residenza, essendo egli l'unica persona abilitata a trattare con la Congregazione tutte le questioni relative alla causa (n. 2*b*).

Qualora le circostanze lo richiedano, il Postulatore può nominare, con il consenso dell'Actor, uno o più vice-postulatori (n. 4). Se il Postulatore si trova nella diocesi in cui viene istruita la causa, può nominare, all'occorrenza, un vice-postulatore anche a Roma; se il Postulatore è a Roma, potrà aver bisogno di qualche vice-postulatore fuori Roma.

3. VESCOVO COMPETENTE a condurre l'inchiesta diocesana è il Vescovo della diocesi nel cui territorio il servo di Dio è deceduto; tuttavia con il consenso del Vescovo competente e l'approvazione della Congregazione, l'inchiesta diocesana può essere compiuta anche da un Vescovo diverso, specialmente se si tratta dell'Ordinario nella cui

competente, il quale apporrà all'atto stesso il «nulla osta»; il Postulatore quindi presterà il giuramento «de munere fideliter adimplendo», da annotare sullo stesso atto di nomina. Copia di questo sarà conservata nell'archivio della Curia.

circoscrizione il servo di Dio ha svolto la propria prevalente attività nell'ultimo periodo della vita (n. 5*a*).

Per l'inchiesta sui miracoli il Vescovo competente è l'Ordinario del luogo in cui è avvenuto il presunto fatto miracoloso (n. 5*b*).

4. DELEGATO DEL VESCOVO è la persona incaricata dal Vescovo di condurre in sua vece l'inchiesta diocesana. Il Delegato deve essere un sacerdote fornito di solida scienza teologica e canonica, deve inoltre acquisire una conoscenza immediata e specifica della causa in questione (n. 6*a*)[2].

5. PROMOTORE DI GIUSTIZIA deve essere un sacerdote, fornito delle stesse qualità richieste per il Delegato, e come questi nominato dal Vescovo (n. 6*b*); a lui spetta il compito di preparare idonei questionari per l'interrogatorio dei testi e poi, con il Delegato, ottenere dai medesimi, all'atto dell'interrogatorio, tutti i chiarimenti possibili e utili (n. 15*a*).

Per la redazione degli interrogatori, è consentito al Vescovo di avvalersi dell'opera di altre persone esperte (n. 15*a*), il che non dispensa il Promotore di giustizia dallo studio della causa, onde possa contribuire efficacemente alla completezza dell'indagine.

Prima della conclusione dell'inchiesta il Promotore di giustizia deve rendersi conto di eventuali lacune o difficoltà e, se necessario, chiedere un supplemento delle indagini (n. 27*b*).

6. NOTAIO. Le deposizioni dei testi, di cui si dirà più avanti, devono essere messe per iscritto da un notaio–attuario (n. 16*a*).

Durante l'interrogatorio è consentito l'uso del registratore, ma la registrazione poi deve essere fedelmente trascritta, firmata dal teste e autenticata dal Vescovo (o Delegato) e dal Notaio.

7. PERITI. In una causa di canonizzazione può essere necessario o utile l'intervento di vari periti, per i quali valgono le norme del diritto universale. Le *Normae* del 7 febbraio 1983 parlano in particolare

[2] Una causa di canonizzazione non è mai una cosa urgente, mentre è della massima importanza che, una volta iniziata, essa venga istruita nel miglior modo possibile. Ciò ovviamente dipenderà dalle persone che vi prenderanno parte, e che dovranno essere veramente preparate per i relativi compiti; se il Vescovo non ha tali persone nella propria diocesi, le cercherà altrove oppure dilazionerà l'inchiesta, al fine di consentire che gli officiali designati, soprattutto il Delegato del Vescovo e il Promotore di Giustizia, acquistino la necessaria preparazione specifica. È opportuno che almeno le singole Conferenze Episcopali provvedano affinché alcuni sacerdoti ben preparati frequentino dei corsi speciali presso la Congregazione, per poter essere poi a disposizione dei singoli Vescovi che ne avessero bisogno per qualche causa.

dei «periti in re historica et archivistica», i quali saranno incaricati di raccogliere la documentazione della causa (compresi gli scritti inediti del servo di Dio) e poi chiamati come testi d'ufficio (n. 14*b*). Le *Normae* del 4 gennaio 1939, riguardanti il processo nelle cause «storiche», prevedevano una commissione di *tre* periti storici, tenuti *in solidum* a raccogliere la documentazione. La nuova legge non fissa il numero dei periti, ma lascia al Vescovo la facoltà di incaricare due o più persone per l'assolvimento delle ricerche necessarie.

Il compito di questi periti è di fondamentale importanza nella maggior parte delle cause; se ne parlerà ancora più avanti.

Le nomine dei vari officiali e periti vengono fatte con decreto vescovile, al momento in cui la loro opera viene richiesta.

Tutti nell'assunzione dell'incarico devono prestare il giuramento «de munere fideliter adimplendo» e «secreto tenentur» (n. 6*c*).

II. Due tipi di cause

Le cause di canonizzazione si distinguono in «recenti» e «antiche», a seconda che l'esercizio eroico delle virtù o il martirio di un servo di Dio possano essere provati dalle deposizioni di testi oculari oppure tramite fonti scritte (n. 7).

Per una corretta comprensione di questa norma, è opportuno precisare che una causa va considerata «recente» in senso tecnico, soltanto se i testi oculari possono fornire le prove dell'*eroicità* delle virtù o del *martirio formale*. A tale effetto poco quindi servirebbero i testi che avessero conosciuto il servo di Dio soltanto quando erano ancora bambini, per cui non sarebbero in grado di addurre delle prove valide *ad effectum de quo agitur*. Una tale causa perciò, in pratica andrebbe considerata come una causa «antica», appunto perché nel caso le prove richieste potrebbero essere ricavate soltanto da fonti scritte («probationes de martyrio vel virtutibus *dumtaxat* ex fontibus scriptis erui possunt»).

La distinzione delle cause in «recenti» e «antiche» — che figura già nel *Decretum* del 26 agosto 1913 — *attualmente* ha la sua importanza soprattutto per ragioni procedurali[3].

[3] Con il Motu proprio *Già da qualche tempo* del 6 febbraio 1930 fu introdotto il termine di «cause storiche», definite come «quelle per le quali (trattisi della vita, delle virtù, del martirio o di antico culto) non si possono raccogliere deposizioni di testimoni contempo-

In una causa «antica» infatti non si presenta l'urgenza di procedere all'esame dei testi, poiché coloro che avrebbero potuto deporre sull'esercizio delle virtù o sul martirio sono già scomparsi, e i testi disponibili potrebbero soltanto riferire sulla *recente fama* di santità. Di conseguenza, ai fini della causa, è inutile procedere all'esame di questi testi *super fama*, qualora la documentazione precedentemente raccolta dai periti storici sia risultata insufficiente per provare pienamente l'eroicità delle virtù o il martirio formale del servo di Dio.

Nelle cause «recenti», invece, è quanto mai utile e necessario che i testi vengano interrogati per tempo. Tuttavia, la nuova legge stabilisce che, di regola, ciò avvenga solo dopo che sia stata raccolta tutta la documentazione riguardante la causa e siano stati preparati gli interrogatori appropriati al caso. Ora, poiché in certi casi le ricerche archivistiche e lo studio del materiale raccolto possono richiedere parecchio tempo, la legge dà al Vescovo la facoltà di (far) interrogare, in qualsiasi momento dell'inchiesta, un teste che si prevede possa venire a mancare (n. 16*a*). Un teste, inoltre, può di propria iniziativa, redigere una relazione scritta e *giurata* e farla pervenire al Vescovo, in vista della causa in corso o anche di una eventuale causa futura (cf. n. 24). In tal caso è però necessario che la relazione sia autenticata da un pubblico officiale (per es. un parroco o un superiore religioso), e che lo scrivente dichiari non solo d'aver scritto il vero, ma anche di non aver omesso nulla che potrebbe opporsi alla causa. Comunque, spetta poi al Vescovo (o al suo Delegato) e al Promotore di giustizia di vagliare l'opportunità o meno di allegare agli Atti dell'inchiesta diocesana relazioni di questo genere, fatte spontaneamente pervenire alla Curia diocesana[4]. Con le suddet-

ranei ai fatti in causa, né si hanno documenti certi di tali deposizioni debitamente raccolte in tempo opportuno». I fatti, oggetto delle testimonianze, dovevano servire come prove per le virtù (s'intende, quali richieste in una causa di canonizzazione, cioè eroiche) o il martirio. All'inizio, tuttavia, la suddetta definizione non ebbe in pratica un'applicazione adeguata poiché veniva considerata come causa «storica» solo quella nella quale mancavano completamente testi *de visu*; se invece la causa disponeva di testimoni oculari che in qualunque modo avessero conosciuto il servo di Dio, la causa non veniva considerata «storica». Tale interpretazione dovette ben presto essere riveduta alla luce dell'esperienza, e in seguito anche le cause basate sulle deposizioni di testi oculari finivano nella Sezione Storica, quando le prove testificali non risultavano sufficienti *ad effectum probationis heroicitatis virtutum vel martyrii*. Dal momento che nella nuova legislazione si insiste sulla necessità che in tutte le cause vengano raccolte tutte le fonti scritte, e che tutte le *positiones* vengano impostate con criteri storici, in questo contesto si sarebbe potuto anche non insistere sulla distinzione delle cause in *recentiores* e *antiquae*; tale distinzione però è stata mantenuta appunto per ragioni procedurali, come esposto più avanti.

4 Queste testimonianze «pro futura rei memoria», specialmente se sono state sollecita-

te due disposizioni si è provveduto a rendere possibile l'acquisizione di tutte le testimonianze utili, senza intralciare il regolare svolgimento dell'inchiesta diocesana, previsto dalla legge.

Nelle cause «recenti» il Vescovo non può accettare la domanda per l'inizio di una causa, prima che siano passati cinque anni dalla morte del servo di Dio (n. 9*a*).

Qualora invece siano trascorsi più di trent'anni dalla morte del servo di Dio, il Vescovo deve in ogni caso accertarsi preliminarmente che il ritardo non sia dovuto a ragioni in qualche modo dolose o fraudolente (n. 9*b*).

III. Le tappe dell'inchiesta diocesana

La Costituzione Apostolica *Divinus perfectionis Magister* parla «de inquisitionibus ab Episcopis faciendis» in una causa di canonizzazione: si tratta infatti di una serie di inchieste di diversa natura, dirette a raccogliere, progressivamente, tutte le prove necessarie ai fini della causa[5].

te da persone interessate ad una causa, vanno utilizzate con molta circospezione. Qui non sarà fuori luogo ricordare il *Decretum* del 12 marzo 1631, che per ordine di Urbano VIII fu inviato a tutti i Nunzi e Vescovi e poi inserito nella raccolta definitiva dei Decreti di Urbano VIII (1642), con cui si proibiva a tutti gli ecclesiastici «tam saecularibus, quam regularibus... ne audeant ipsi per se, aut per alios capere informationes super sanctitate aut miraculis alicuius defuncti, *neque ullo modo exquirere aut obtinere ad hunc effectum extrajudiciales testificationes aut subscriptiones*, sub poenis arbitrio S. Congregationis infligendis». Questa norma non è più in vigore, ma la preoccupazione che l'aveva inspirata dovrebbe tuttora suggerire la prudenza nel servirsi di questo genere di testimonianze. Se, ad esempio, una superiora religiosa invitasse le sue suore a mettere per iscritto i loro ricordi di una «santa» consorella, in vista di una sua causa di canonizzazione, non ci sarebbe forse il rischio che non rispondesse all'invito chi avesse qualche riserva in proposito, o che le testimonianze raccolte fossero sospette «ob nimium affectum»?

[5] A ragion veduta, nella nuova legge non si usa il termine «processo». Taluni però continuano a vedere l'inchiesta diocesana con le categorie dell'antica legislazione, mentre è la «lex peculiaris» del 1983 (cf. can. 1403) che, adeguatamente interpretata (tenendo conto del testo e contesto, come anche delle circostanze e finalità che l'hanno determinata), ci offre gli elementi per una disquisizione sulla natura del tutto particolare delle cause di canonizzazione. Comunque, se si vuol parlare di processo di canonizzazione, tale termine si dovrebbe riferire a tutta la procedura, dall'inizio dell'inchiesta diocesana alla fine della causa presso la Santa Sede. In questo contesto si potrebbe dire che il Vescovo dà avvio ad un processo di canonizzazione, compiendo il primo passo ossia raccogliendo le prove necessarie sulla santità o sul martirio del servo di Dio; ma non sarebbe esatto dire che il Vescovo ha fatto un processo.

1. *Informazione preliminare*

Spetta al Vescovo di decidere se iniziare o meno una causa di canonizzazione. Il fatto che il Vescovo abbia in precedenza approvato la nomina del Postulatore, fatta dall'Actor, non comporta *eo ipso* l'impegno da parte del Vescovo di procedere all'inchiesta canonica; questa dipenderà dalle informazioni preliminari che il Vescovo avrà avuto non solo dal Postulatore ma anche da altre fonti. Ed è bene ricordare quanto è stato raccomandato nell'Istruzione della Congregazione dei Riti del 1878, cioè che «non subito debbono gli Ordinari istruire i processi, ma dopo essersi maturamente assicurati con tutte le regole della prudenza, che esiste una vera fama (di santità)» (v. sopra, pp. 27-29).

Il Postulatore, dopo essersi bene informato sul buon fondamento della causa, presenterà al Vescovo, insieme con il *supplice libello,* quanto segue:

a) una biografia critica o almeno una accurata relazione sulla vita e l'attività del servo di Dio, sulle sue virtù o il martirio, sulla fama di santità o di martirio, nonché sulle difficoltà che si prevedono nella causa[6];

b) tutti gli *scritti editi* (se ci sono) del servo di Dio, debitamente autenticati[7];

c) se si tratta di una causa «recente», un elenco delle persone che possono testimoniare sulla vita virtuosa (o il martirio) del servo di Dio, nonché sulla fama di santità e di miracoli (n. 10).

Per ogni teste venga presentata (su fogli separati) una «scheda personale», con tutti i dati da cui possa risultare il periodo e il grado della conoscenza che il teste ha avuto con il servo di Dio[8]. Quando

[6] In mancanza di una biografia, la richiesta relazione non deve limitarsi a delle affermazioni, come in passato si faceva negli *Articoli,* ma occorre che sia corredata da un apparato critico, in modo che il Vescovo o chi per lui possa rendersi conto del fondamento delle affermazioni riguardanti il servo di Dio.

[7] La ragione per cui si richiede la presentazione di soli scritti editi sta nella circostanza che tali scritti sono facilmente disponibili, e qualora i Censori teologi vi scoprano errori che costituiscano ostacolo alla causa, è inutile fare altre ricerche previste nella successiva tappa dell'inchiesta diocesana.

[8] Diamo qui uno specimen della «scheda» del teste. La prima parte della Scheda (I) va compilata dal Postulatore, mentre la seconda parte (II) sarà redatta dal Notaio al termine della deposizione.

(I)MEDIOLANEN. *Canonizationis Servi Dei* ... (nome, cognome, qualifica)
Inquisitio dioecesana de vita, virtutibus ac fama sanctitatis et miraculorum Servi Dei

poi si procederà all'esame dei testi, al posto delle domande riguardanti la persona del teste si potrà far leggere all'interessato la sua «scheda personale» e farla firmare.

Ricevuto tutto questo materiale, il Vescovo lo farà esaminare da persone qualificate; è opportuno che lo faccia studiare da quelli cui intende affidare il compito di condurre l'inchiesta in qualità di Delegato e di Promotore di giustizia.

Rassicurato sul buon andamento della causa, il Vescovo consulterà i Vescovi vicini, almeno quelli della Conferenza Episcopale regionale, sulla opportunità di iniziare la causa (n. 11*a*). Nello spirito della Collegialità, i Vescovi interpellati sono tenuti a rendere al Collega i servizi richiesti, manifestando francamente eventuali riserve sulla opportunità della causa: una causa di canonizzazione interessa tutta la Chiesa.

Il Vescovo renderà poi pubblica la sua intenzione, invitando i fedeli della propria diocesi e, se necessario, col consenso dei rispettivi Ordinari, anche quelli delle diocesi vicine, perché gli comunichino le notizie, positive o negative, riguardanti la causa (n. 11*b*).

Qualora per questa via venisse a conoscenza di qualche ostacolo o difficoltà, ne informerà il Postulatore, lasciando a lui il compito di chiarire le cose. E qualora di fronte a certe difficoltà decidesse di non procedere all'inchiesta formale, il Vescovo informerà il Postulatore della decisione, rendendone noti i motivi (n. 12*a-b*).

Il Vescovo, in ogni caso, non deve accogliere l'istanza del Po-

(oppure: *de martyrio ac fama martyrii;* oppure: *de mira sanatione D.ni N.N., intercessioni Servi Dei tributa).*

Teste: Nome, cognome, paternità, nato il (data), a (luogo).

Professione.

Domiciliato in...

Ha conosciuto il Servo di Dio dal... al... (indicando anche la natura delle relazioni con il servo di Dio).

(II) Il giorno ..., nella Curia diocesana (o altro luogo), alla presenza del Vescovo (o Delegato)..., Promotore di giustizia..., e Notaio...), il teste N.N. ha confermato le generalità di cui sopra, ed ha prestato il giuramento «de veritate dicenda».

È seguito l'interrogatorio del teste. (*Eventualmente:* L'interrogatorio è continuato nei giorni...).

Alla fine della deposizione questa è stata letta al teste, il quale l'ha confermata con giuramento.

(*Eventualmente*) Il teste ha consegnato una relazione scritta di (num.) pagine allegata alla deposizione (v. ff.) ed ha risposto alle domande ex officio.

(*Eventualmente*) Il teste ha consegnato i documenti allegati infra (v. ff. ...).

In fede... *Firme:* del Teste, del Vescovo (Delegato), del Notaio.

stulatore se dalla informazione presentata e dalle notizie raccolte *non risulti bene accertata l'esistenza di una vera e diffusa fama di santità del servo di Dio.* Se ha dei dubbi al riguardo, rimanderà la decisione: se Dio vuole manifestare la Sua gloria in un Suo servo, troverà il modo di far conoscere la Sua volontà.

Se dopo matura riflessione il Vescovo ha deciso di iniziare l'inchiesta formale, procederà nel modo seguente.

2. *Inizio dell'inchiesta formale*

Il Vescovo con un decreto renderà pubblica la sua decisione di procedere all'inchiesta formale, nominando al tempo stesso un Delegato *ad hoc,* un Promotore di giustizia e un Notaio.

Il Delegato può compiere tutti gli atti necessari in una inchiesta diocesana, comprese le nomine dei periti (censori teologi, periti storici, ecc.), a meno che il Vescovo abbia riservato a sé tali nomine. In ogni caso, il Delegato non passerà da una tappa a quella successiva senza aver informato il Vescovo del risultato del precedente esame; così lo informerà dei voti dei censori teologi (se ci sono stati), prima di nominare i periti storici.

Gli officiali nominati dal Vescovo (il Delegato, il Promotore di giustizia, il Notaio) presteranno il giuramento prescritto nelle mani del Vescovo, alla presenza del Cancelliere della Curia, il quale potrà redigerne l'atto notarile, ma *ad validitatem* è sufficiente che l'avvenuto giuramento sia annotato sui rispettivi decreti di nomina (e sulle copie da conservare nella Curia), con firma della persona nominata, del Cancelliere e del Vescovo stesso.

3. *Esame degli scritti editi del servo di Dio*

Quando Urbano VIII prescrisse l'esame degli scritti di un candidato alla canonizzazione, egli intendeva soprattutto libri, trattati, meditazioni e simili; «non prius est ad aliquem actum inquisitionis deveniendum, quam tales libri diligenter in S. Congregatione examinentur, utrum contineant errores contra fidem, vel bonos mores, vel doctrinam aliquam novam vel peregrinam, atque a communi sensu Ecclesiae et consuetudine alienam». Più tardi invalse la prassi di esaminare preventivamente qualunque scritto del servo di Dio in questione, e di emetterne il relativo decreto. Nei tempi più recenti, però, sono stati rilevati, e non senza ragione, i lati negativi di questa prassi. È infatti ovvio che per valutare adeguatamente certi scritti occorre conoscere il loro contesto storico (ciò ad es. vale per la corrispondenza).

È inoltre comprensibile che i censori teologi, i quali in passato venivano incaricati di esaminare gli scritti prima della preparazione della *Positio super introductione causae,* non conoscendo tale contesto, non potevano talvolta rendersi conto dell'importanza di qualche scritto per il giudizio sulle virtù del servo di Dio. D'altra parte, nella *Positio* venivano inseriti soltanto i voti dei censori teologi, mentre gli scritti non comparivano e non venivano quindi utilizzati nella ricostruzione della vita virtuosa del servo di Dio. Tutto questo è stato più volte lamentato.

Secondo la normativa vigente, invece, gli scritti «editi» vanno esaminati preventivamente, mentre gli altri scritti saranno studiati nel loro contesto storico in vista della preparazione della *Positio.*

A questo punto sono necessarie alcune precisazioni. Se la legge parla di scritti «editi», ciò è dovuto ad una ragione pratica, come abbiamo già accennato: facilmente accessibili, tali scritti possono essere subito esaminati. Tuttavia nulla impedisce che gli stessi censori esaminino anche eventuali scritti «dottrinali» che non siano stati pubblicati a stampa (ad es. raccolte di prediche del servo di Dio, istruzioni spirituali e simili).

I censori teologi redigeranno i propri voti per iscritto, e se l'inchiesta diocesana sarà portata a termine, saranno mandati a Roma anche gli scritti editi del servo di Dio e i relativi voti dei censori teologi.

Se i censori rilevassero errori *quoad fidem vel bonos mores,* il Vescovo sospenderà l'inchiesta.

Gli altri scritti (diari, note personali, corrispondenza) saranno oggetto di studio durante la preparazione della *Positio* e serviranno per la ricostruzione dell'attività del servo di Dio e per mettere in rilievo la sua spiritualità. Può darsi che per qualcuno di questi scritti risulti necessaria una perizia da parte di un esperto «in re mystica» o in qualche altra materia; in tal caso sarà il Relatore della causa a informarne il Congresso Ordinario della Congregazione, che chiederà «ex officio» la perizia.

4. *Raccolta degli scritti inediti del Servo di Dio e di tutte le fonti scritte riguardanti la causa*

Se negli scritti esaminati dai censori teologi, non risultassero errori *quoad fidem vel bonos mores,* il Vescovo affiderà a due o più persone esperte in ricerche storico–archivistiche il compito di raccogliere tutti gli scritti inediti del servo di Dio e tutte le fonti scritte che in qualunque modo riguardino la causa (n. 14*a*)[9]. In proposito bisogna ritenere che riguarda la causa tutta quella documentazione che può contribuire ad una fedele ricostruzione storico–critica della vita, attività, morte, fama di santità del servo di Dio.

Già il Decreto della S.C. dei Riti del 26 agosto 1913 esigeva che in *tutte* le cause venisse raccolta e criticamente esaminata tutta la documentazione riguardante la causa[10]. Questa disposizione non fu sempre osservata, non senza danno per non poche cause. Nelle *Normae* del 4 gennaio 1939, Pio XI fissò il modo in cui si dovevano raccogliere le fonti scritte per le cause «storiche»[11]. Ora queste «norme» sono state, sostanzialmente, estese a tutte le cause, anche se la loro applicazione può essere alquanto più elastica. Così, la nuova normativa lascia al Vescovo di determinare il numero dei periti. Il grado della loro preparazione specifica dovrà essere proporzionato alla complessità delle indagini da fare. In ogni caso, è necessario che almeno uno di essi abbia quella preparazione tecnica e teologica che *questo* genere di ricerche richiede: occorre infatti saper cercare e poi selezionare il materiale utile ai fini della causa.

9 Se i libri sottoposti all'esame dei censori teologi hanno avuto l'*imprimatur* dell'autorità ecclesiastica, si può presumere che in essi non ci siano errori tali da impedire il proseguimento della causa; in tal caso, non è necessario che il Vescovo attenda i voti dei censori teologi per procedere alla nomina dei periti storici per la raccolta della documentazione riguardante la causa.

10 AAS 5 (1913), pp. 436-438. Il decreto, al n. 11, stabilisce: «*In omnibus causis, praesertim antiquis, cum processu ordinario sive informativo compulsentur omnia et singula historica documenta sive manuscripta, sive typis edita, quae quocumque nodo causam respiciunt. [...] summa quoque diligentia ed industria curandum est ut cuiuslibet generis documenta ad causam conferentia conquirantur, quae omnia et singula cognoscenda sunt ad normas traditas a fel. rec. Benedicti XIV, lib. II, c. LII*».

11 Pio XI, sostanzialmente, non fece altro che ribadire — limitandosi però alle sole cause «storiche» — ciò che era stato stabilito nel citato decreto del 26 agosto 1913; se la riforma di Pio XI ebbe una sorte migliore di quella del suo Predecessore, lo si deve al fatto che con l'istituzione di una *Sezione Storica* presso la competente Congregazione fu creato uno *strumento* adatto per garantire l'applicazione delle disposizioni legislative.

In certi casi può darsi che il Postulatore abbia già raccolto tutta la documentazione disponibile, o almeno crede di possederla tutta. Anche in questo caso il Vescovo deve nominare persone esperte che garantiscano la completezza dell'indagine. A questi periti d'ufficio spetta di stendere la prescritta Relazione e di comparire poi davanti agli inquirenti per rispondere ad eventuali domande d'ufficio. Solo nel caso che il Postulatore con giuramento garantisca che sono state compiute diligentemente tutte le ricerche suggerite dal caso (indicare i luoghi e gli archivi) e che non si sono trovati altri scritti del servo di Dio o documenti che lo riguardino, il Vescovo (o Delegato), dopo aver sentito il parere di due esperti, può ritenere sufficiente la dichiarazione del Postulatore; in questo caso emetterà un decreto in cui giustificherà il suo modo di procedere.

Le fonti scritte siano classificate e corredate di una presentazione critica. Nel fare questo lavoro di sistemazione i periti avranno il modo di valutare il contenuto delle fonti disponibili, potranno quindi rendersi conto anche di *lacune* documentarie come pure di eventuali *difficoltà* della causa.

Nella loro *Relazione* per il Vescovo riferiranno delle ricerche compiute, elencando gli archivi e le biblioteche consultate (specificando quelli in cui sono stati trovati i documenti raccolti), daranno un giudizio sul valore della documentazione, considerata tanto nel suo valore intrinseco (autenticità e attendibilità) quanto in ordine ai fini della causa; infine esprimeranno un giudizio sulla personalità morale del servo di Dio quale emerge dalla documentazione, mettendo in rilievo eventuali difficoltà cui va incontro la causa (n. 14*c*).

Questa relazione è *orientativa* per il Vescovo, e può essere anche determinante per la prosecuzione della causa, soprattutto quando si tratti di una causa «antica»; in tal caso, se dalle fonti scritte raccolte non è possibile provare l'*eroicità* delle virtù o il martirio del servo di Dio, è inutile proseguire la causa (n. 14*c*).

Nel caso che dalla documentazione raccolta emergessero difficoltà che potrebbero ostacolare la causa, non si chiuda l'inchiesta prima che siano stati risolti positivamente tutti i problemi. Qualora però le difficoltà emerse richiedessero la sospensione definitiva della causa, il Vescovo informerà il Postulatore delle ragioni della sospensione, sempre salvaguardando il buon nome delle persone.

5. *Stesura degli interrogatori*

Se il Vescovo, rassicurato dalla Relazione dei periti storici, decide di continuare l'inchiesta, affiderà al Promotore di giustizia tutto il materiale raccolto perché possa preparare gli interrogatori appropriati al caso (n. 15*a*).

Lo *specimen* di interrogatori riportato più avanti nell'Appendice III, potrà servirgli da guida, ma solo chi conosce bene la vita di un servo di Dio e l'ambiente in cui visse e operò, sarà in grado di formulare delle domande attinenti al caso. Onde la necessità che il Promotore di giustizia studi bene le fonti raccolte (compresa, ovviamente, la biografia presentata dal Postulatore), cercando di individuare i punti che, se non illuminati adeguatamente mediante le deposizioni dei testi, potrebbero costituire delle difficoltà per la causa.

Per la elaborazione degli interrogatori il Promotore può servirsi anche dell'aiuto di qualche esperto, il quale presterà il giuramento «de decreto servando». Anche il Postulatore può avvertire il Promotore della necessità di interrogare i testi su qualche punto particolare. Meglio il Promotore (ed anche il Delegato del Vescovo) sarà informato per tempo dei problemi della causa, meglio potrà contribuire a rendere più esaurienti le deposizioni dei testi.

Nelle cause «antiche» gli interrogatori riguarderanno soltanto la recente fama di santità o di martirio (e, se è il caso, il recente culto) (n. 15*b*).

6. *Informazione per la Santa Sede e richiesta del «nulla osta»*

Le *Normae,* al n. 15*c,* prescrivono che il Vescovo informi la Santa Sede della causa in corso, mandando alla Congregazione delle Cause dei Santi una breve informazione sulla vita del servo di Dio e sulla rilevanza della sua causa. Ciò consentirà di accertarsi presso la Congregazione per la Dottrina della Fede e, eventualmente, presso altri Dicasteri che possano essere interessati al caso, se sussistano delle difficoltà che richiedano particolare attenzione o, in qualche caso eccezionale, la sospensione della causa. Solo dopo aver ricevuto il «nulla osta» della Santa Sede il Vescovo procederà all'esame dei testi.

Per una adeguata comprensione di questa norma, è opportuna qualche precisazione. Fino al Motu proprio *Sanctitas clarior* del 19 marzo 1969, il Vescovo non aveva bisogno del «nulla osta» della Santa Sede per istruire i processi ordinari previsti dal CIC del 1917, can. 2038 § 2; e nelle cause «storiche», dal 1939 in poi non si faceva altro processo che quello ordinario prescritto dalle *Normae* del 4 gennaio 1939. Solo in un secondo tempo, prima dell'introduzione della causa presso la Santa Sede, la Congregazione dei Riti chiedeva il «nihil obstat» del Sant'Uffizio.

Il M.p. *Sanctitas clarior,* unificando (nelle cause non storiche[12]) i processi ordinario e apostolico in un unico processo cognizionale, istruito dal Vescovo «auctoritate ordinaria et apostolica», richiedeva il previo «nihil obstat» della Santa Sede. In tal modo, la potestà del Vescovo nelle cause dei santi, per quanto — stando alle parole del M.p. — sembrasse «accresciuta», di fatto veniva ristretta: il Vescovo non poteva più fare di sua autorità ciò che da sempre aveva fatto *iure proprio.*

Questa impostazione partiva dal principio che nelle cause di canonizzazione l'unica competente era la Sede Apostolica, e dal momento che al Vescovo veniva affidata tutta l'istruttoria, egli avrebbe avuto bisogno di una delega della Santa Sede. Nella nuova legge del 1983, questo principio è stato riveduto alla luce sia dell'esperienza delle cause «storiche» (nelle quali il Vescovo faceva tutto *auctoritate propria*) sia della dottrina del Concilio Vaticano II sulla Collegialità dei Vescovi[13]. La raccolta delle prove necessarie in una causa è ora di competenza del Vescovo, il quale compie tutti gli atti *iure proprio.* Con il «nulla osta» della Santa Sede il Vescovo non viene investito di una *potestas delegata,* ma, se è il caso, viene tempestivamente avvertito di eventuali problemi emergenti dalla documentazione conservata negli archivi della Curia Romana; solo in qualche caso eccezionale può essere invitato a sospendere la causa[14].

Non tenendo conto di quanto testé esposto, qualcuno ancora continua a pensare e ad esprimersi con le categorie della precedente legislazione; così si parla del «nulla osta» per l'*inizio* o l'*introduzione* della causa. Ma al punto in cui la legge prevede che il Vescovo chieda il «nulla osta» della Santa Sede, la causa di canonizzazione si

[12] Nel Motu proprio è detto «in Causis procedentibus per viam ordinariam non cultus»; in merito si veda F. VERAJA, *Il Motu proprio «Sanctitas clarior» e le cause «storiche» dei santi,* in «Monitor Ecclesiasticus» CIV (1979), pp. 315-337 (in particolare 325-327); v. infra, Appendice I, p. 101.

[13] Cf. sopra, Cap. II, p. 24.

[14] Statisticamente, i casi del genere non superano l'1%.

suppone già iniziata, poiché il Vescovo — che procede *per gradus* seguendo le *Normae* del 7 febbraio 1983 — deve aver già fatto esaminare gli (eventuali) scritti del servo di Dio e, comunque, deve aver fatto raccogliere la documentazione riguardante la causa; queste inchieste sono di tale natura che per farle non ha senso un «nulla osta» della Santa Sede. Soltanto dopo aver ricevuto la Relazione dei periti che hanno raccolto le fonti scritte («Accepta relatione...», cf. n. 15*a*), il Vescovo chiederà il «nulla osta». Chiederlo prima potrebbe risultare superfluo perché il Vescovo stesso (almeno in certi casi) non sa ancora se procederà o meno all'esame dei testi; dalla documentazione potrebbe infatti emergere qualche ostacolo insuperabile, tale da richiedere la sospensione della causa[15].

7. *Esame dei testi*

Per provare l'eroicità delle virtù o il martirio formale di un servo di Dio sono necessarie le testimonianze di testi *oculari.* Se tali testi sono ancora viventi, la causa sarà «recente» in senso tecnico; se sono scomparsi, ma hanno lasciato testimonianze scritte, storicamente valide, la causa sarà «antica»[16].

Anche nell'inchiesta sui presunti miracoli sono necessari testi oculari.

Ai testi oculari possono essere aggiunti, se è il caso, alcuni testi *de auditu a videntibus* (n. 17).

Tutti i testi devono essere persone degne di fede (n. 17), e nelle loro deposizioni devono indicare le fonti della propria scienza, altrimenti la loro testimonianza non vale (n. 23).

I testi vengono *indotti* dal Postulatore o chiamati *ex officio.*

Per provare l'esercizio eroico delle virtù o il martirio nonché la «fama signorum» di un appartenente ad un Istituto di vita consacrata,

[15] In una causa «antica», la sola impossibilità di provare con fonti scritte l'*eroicità* delle virtù o il *martirio formale* del servo di Dio costituirebbe un ostacolo insuperabile.

[16] Nelle cause di canonizzazione le prove dell'esercizio eroico delle virtù o del martirio non sempre vengono raccolte in tempo direttamente dalla bocca di testimoni oculari; sempre però è necessario che tali prove siano fornite da testimoni oculari della vita virtuosa o del martirio del servo di Dio. Di conseguenza, le fonti scritte (su cui si basa una causa storica o antica) devono contenere le testimonianze di coloro che hanno conosciuto personalmente il servo di Dio e che quindi per noi sono altrettanti testimoni *de visu* (supposto che le loro testimonianze, previo esame critico, risultino attendibili).

secondo la norma n. 19 è necessario che una parte notevole di testi sia costituita da estranei, a meno che, per il particolare genere di vita del servo di Dio, ciò sia impossibile.

Non possono deporre come testi: a) il sacerdote, per quanto riguarda tutto ciò che abbia saputo dalla confessione sacramentale; b) gli abituali confessori o direttori spirituali del servo di Dio, anche per quanto riguarda quello che abbiano appreso «in foro conscientiae extrasacramentali»; c) il postulatore della causa, durante munere (n. 20).

La deposizione del teste va confermata con giuramento (n. 23). Secondo la prassi tradizionale, il teste prestava il giuramento «de veritate dicenda» e, dopo la deposizione, «de veritate dictorum»; si può seguire tale prassi, ma *ad validitatem* è sufficiente un giuramento.

Il Vescovo, come è stato già detto, non inizierà il regolare esame dei testi prima di aver ricevuto il «nulla osta» della Santa Sede. Tuttavia, in virtù della disposizione num. 2, 4°, della Costituzione Apostolica *Divinus perfectionis Magister* (cf. anche le *Normae,* n. 16*a*), *se urge* l'esame di qualche teste «ne pereant probationes», questi può essere interrogato prima. Questa disposizione riguarda soltanto le cause «recenti», dal momento che in quelle «antiche» i testi oculari della vita virtuosa o del martirio del servo di Dio sono ormai scomparsi, né urge interrogare i testi che possono riferire solo sulla *fama* di santità.

Per primi siano interrogati i testi che hanno avuto maggiore consuetudine con il servo di Dio (n. 18), e soprattutto i testi contrari alla causa (n. 21*a*)[17].

Se qualche teste chiamato *ex officio* non si sia presentato, negli atti deve risultare tanto la citazione del teste quanto il motivo per cui non si è presentato (cf. can. 1509 § 2, e can. 1557). Anche per i testi indotti dal Postulatore ma non interrogati, deve risultare il motivo del mancato esame. Per quanto riguarda i testi che si sono presentati, non c'è bisogno di particolari annotazioni (cf. can. 1507 § 3).

I testi vanno esaminati innanzi tutto secondo gli *interrogatori* (cf. *Normae,* n. 16*c*); l'interrogante però integrerà gli interrogatori con altre domande, allo scopo di raccogliere tutti i dati che il teste può fornire. È tuttavia superfluo porre tutte le domande, che coprono

[17] Nel Decreto del 26 agosto 1913, al n. 1, era stabilito: «*In omnibus causis, praesertim recentioribus, R.mi Ordinarii in condendo informativo processu praeter testes qui causae favent, eos etiam universos omnes qui causae adversantur excutiant, nemine excepto, idque sub poena nullitatis, onerata conscientia tum Ordinariorum tum Promotorum fiscalium*».

tutto l'arco della vita del servo di Dio, ad un teste che è in grado di deporre soltanto per un breve periodo (e ciò si dovrebbe sapere in anticipo dalla «scheda personale» del teste).

Inoltre, è importante dare al teste la possibilità di parlare liberamente sul servo di Dio; con l'evenienza, oggi consentita, di usare un *registratore,* una libera esposizione del teste può rendere un maggior servizio alla causa, permettendo di cogliere delle sfumature che non si otterrebbero qualora si volesse restringere la deposizione del teste e verbalizzarla in modo sintetico. Qualora una deposizione sia stata registrata, essa va trascritta e sottoposta al teste, il quale può rettificarla e poi la confermerà con giuramento, a meno che non l'abbia confermata dopo averne *ascoltato* la registrazione. Quest'ultima eventualità può verificarsi nel caso che il teste non possa essere richiamato dopo la trascrizione della sua deposizione; in questo caso sarà il Notaio a garantire la fedeltà della trascrizione.

Le *Normae,* n. 14, consentono che il teste presenti al Vescovo una propria *relazione scritta* sul servo di Dio, non solo al di fuori dell'interrogatorio ma anche durante l'interrogatorio, confermando con giuramento la verità di quanto ha scritto. La relazione sarà allegata alla sua deposizione. Se la relazione non è lunga, il Promotore di giustizia la legga subito, per poter chiedere eventuali chiarimenti. Trattandosi invece di uno scritto di cui la lettura richiede più tempo, il Promotore lo leggerà per conto proprio e, all'occorrenza, in una successiva sessione chiederà i necessari chiarimenti[18].

Un teste può avere dei documenti da consegnare; anche questi vanno accettati e allegati alla deposizione, previo accertamento dell'autenticità dei medesimi. Di solito vengono consegnate copie di documenti; queste devono essere autenticate da un pubblico ufficiale, anche quando si tratta di fotocopie (n. 25*b*). I manoscritti di difficile lettura vanno trascritti a macchina così come si presentano, senza correzioni o aggiustamenti di qualsiasi genere, e debitamente autenticati; venga pure allegata fotocopia del manoscritto. Questa norma vale per tutta la documentazione in qualunque modo acquisita alla causa.

Alla fine dell'interrogatorio di un teste, il Notaio completerà la «scheda personale» (II parte), che sarà firmata dal teste, dal Vesco-

[18] Essendo il Vescovo responsabile della raccolta delle prove necessarie, egli ne deve garantire sia l'attendibilità che la completezza (n. 27*a*). Proprio per questo le *Normae* prescrivono che il Promotore alla fine dell'inchiesta riveda «omnia acta et documenta», per poter eventualmente chiedere ulteriori prove (ibid, *b*); in un caso come quello sopra accennato, conviene che lo faccia subito.

vo (o Delegato) e dal Notaio. La firma del Promotore di giustizia non è obbligatoria (cf. can. 1569 § 2), ma se egli non è stato presente all'esame del teste, deve prendere visione della deposizione (cf. *Normae,* n. 16*b*) ed apporvi la propria firma. Il Notaio lo annoterà sulla «scheda»[19].

I *periti storici* che hanno raccolto la documentazione e presentato la relazione in merito, vanno chiamati come *testi d'ufficio,* per confermare con giuramento quanto hanno riferito nella relazione, garantendo la completezza delle ricerche e l'autenticità e l'integrità della documentazione raccolta (n. 21*b*). Il Promotore di giustizia non mancherà, se necessario, di redigere alcune domande specifiche per l'esame di questi testi (su eventuali lacune riscontrate nella documentazione, o su qualche altro problema storico–ambientale, e sim.).

Se dalle deposizioni dei testi apparisse opportuna una formale inchiesta su qualche presunto miracolo, questa va fatta a parte (v. infra).

8. *Inchiesta per rogatoria*

Se l'inchiesta deve essere fatta anche in un'altra diocesi, il Vescovo o il Delegato si rivolgerà al rispettivo Vescovo diocesano, mandandogli gli interrogatori per l'esame dei testi.

Il Vescovo osserverà tutte le norme che regolano l'inchiesta diocesana.

Gli atti di questa inchiesta rogatoriale saranno conservati nell'archivio della Curia locale, mentre al Vescovo richiedente sarà trasmesso il transunto, da allegare agli atti della causa[20].

[19] Nella trascrizione delle deposizioni (per il Transunto da inviare alla Congregazione), per ogni singolo teste e per ogni seduta si cominci da capo pagina, scrivendo in alto:

Sessio (num. d'ordine) — (Giorno, mese, anno)

Deposizione del teste (indotto o chiamato ex officio?) *N.N.*

(oppure: *Continua la deposizione del teste N.N.*)

Presenti: (Delegato..., Promotore di giustizia..., Notaio...)

(Segue il testo della deposizione, con in fondo le firme del teste, del Delegato e del Notaio.)

Se il teste è stato interrogato in più sedute, l'intera sua deposizione, anche se avvenuta in sessioni discontinue, può essere riunita insieme, preceduta dalla «scheda personale».

[20] In certi casi, al posto di una inchiesta per rogatoria, sarà più semplice che gli stessi inquirenti si rechino nella rispettiva diocesi e, con il consenso dell'Ordinario del luogo, interroghino i testi ivi dimoranti.

9. *Inchiesta suppletiva*

Accade raramente che una causa venga istruita così perfettamente da non aver bisogno di supplementi d'inchiesta. In passato le eventuali lacune di una causa venivano rilevate durante lo studio dei relativi atti e documenti presso la Congregazione competente, il che talvolta causava lunghe interruzioni dello studio in attesa di inchieste suppletive. Le *Normae* pertanto prescrivono che, prima della chiusura dell'inchiesta diocesana, il Promotore di giustizia prenda visione di tutto il materiale probatorio, allo scopo di poter chiedere un supplemento d'inchiesta, qualora lo ritenga necessario (n. 27*b*).

Si faranno conoscere al Postulatore le eventuali difficoltà o lacune, perché possa addurre nuovi testi o documenti atti a risolverle. Il Postulatore ha il diritto alla visione degli atti (n. 27*c*), ma, come si deduce dal testo e contesto di questa norma, non ha il diritto di assistere agli interrogatori dei testi. Tuttavia, in qualche caso particolare il Vescovo (o il Delegato) potrà, a propria discrezione, chiedere la collaborazione del Postulatore per risolvere qualche difficoltà emersa dall'esame dei testi già ascoltati, anche se l'interrogatorio di tutti i testi non è ancora stato ultimato.

Se la causa presentasse problemi che richiedano particolari studi specialistici di carattere storico, giuridico, psicologico, teologico, il Vescovo incaricherà persone competenti a eseguire tali studi, che saranno allegati agli atti della causa.

10. *Dichiarazione sulla osservanza dei Decreti di Urbano VIII sul non culto*

Prima di chiudere l'inchiesta il Vescovo o il Delegato ispezionerà il sepolcro del servo di Dio, la camera in cui visse o morì ed eventualmente altri luoghi dove si presume possano esserci segni di culto pubblico in suo onore, per rendersi conto dell'osservanza o meno dei Decreti di Urbano VIII in materia di culto dei servi di Dio non ancora beatificati o canonizzati dalla Sede Apostolica.

Descritti i passi compiuti, il Vescovo o il Delegato farà una formale dichiarazione sulla osservanza dei predetti Decreti, che allegherà agli atti della causa (n. 28*a-b*).

11. *Transunto e versioni*

L'originale degli atti (l'archetipo) va sigillato e conservato nell'archivio della Curia diocesana in cui è stata condotta l'inchiesta (n. 30*b*).

A Roma, invece, sarà inviato il «transunto» o fedele trascrizione degli atti, collazionata con l'originale e debitamente autenticata dal Notaio con l'apposizione della sua sigla e timbro ad ogni foglio (n. 30*a*). Agli atti sarà allegata tutta la documentazione raccolta (compresi gli scritti inediti), gli eventuali scritti editi del servo di Dio e i relativi voti dei Censori teologi. Tutto il materiale dell'inchiesta sarà trasmesso chiuso e sigillato alla Congregazione delle Cause dei Santi (n. 31*a*).

Le *Normae* prescrivono che gli atti siano mandati in duplice copia. Se la trascrizione viene fatta con una tradizionale macchina da scrivere, il «transunto» destinato all'Archivio della Congregazione verrà scritto con nastro indelebile. L'altra copia, destinata ad uso degli studiosi della causa, può essere una xerografia. Tutte e due le copie devono essere autenticate da Notaio nel modo sopra indicato.

Il recente progresso tecnico consente l'uso del computer durante la deposizione dei testi, nel qual caso bisogna osservare la seguente procedura. I singoli fogli della deposizione vanno letti al teste, il quale deve apporre la firma ad ognuno di essi. Questo sarà l'«originale» da conservare nell'archivio della Curia diocesana. Di tale testo vanno fatte due copie xerografiche, ognuna delle quali deve essere autenticata dal Notaio con l'apposizione della sua sigla e timbro ad ogni pagina. Queste copie saranno spedite a Roma.

Fatte le copie prescritte, il materiale sia sistemato per la rilegatura, in modo che i singoli volumi non superino 350-360 fogli. I fogli (di tutti i volumi) vengano numerati *progressivamente.*

All'inizio del primo volume siano riuniti, in ordine cronologico, i seguenti atti:

1. Indice generale[21].
2. Breve cronistoria della causa[22].
3. Mandatum Postulatoris, con il «nulla osta» del Vescovo e l'annotazione del giuramento prestato.
4. Supplex libellus del Postulatore.
5. Decreto del Vescovo con cui decide l'inizio dell'inchiesta formale.

[21] Indice di tutto il materiale di tutti i volumi.

[22] Redatta dal Notaio e limitata ai passi giuridici della causa.

6. Decreto di nomina del Delegato, con l'annotazione del giuramento.

7. Decreto di nomina del Promotore di giustizia, con l'annotazione del giuramento.

8. Decreto di nomina del Notaio, con l'annotazione del giuramento.

9. Decreto di nomina dei Censori teologi, con l'annotazione del giuramento.

10. Voti dei Censori teologi.

11. Decreto di nomina dei Periti storici.

12. Relazione dei Periti storici.

13. «Nulla osta» della Santa Sede.

14. Dichiarazione del Vescovo sulla osservanza dei Decreti di Urbano VIII «de non cultu».

15. Lista dei testimoni, presentata dal Postulatore.

16. Interrogatori del Promotore di giustizia.

17. Indice dei testi escussi[23].

In fondo (o al principio) di ogni volume figuri l'autentica del Notaio, con l'indicazione del numero dei fogli del volume. Se è possibile, i volumi siano rilegati sul posto, altrimenti la rilegatura sarà curata dalla Congregazione.

Ad ogni volume venga premesso il frontespizio[24].

[23] Nell'indice siano indicati i seguenti dati: Num. d'ordine (secondo l'ordine dell'escussione dei testi; e se un teste ha deposto in più sessioni discontinue, il suo numero d'ordine è quello del suo primo interrogatorio) — Nome e cognome — Num. della Sessione — Fogli/Pp.; così:

N° d'ordine Nome Cognome (Professione) Sessione Fogli

[24] In un'inchiesta sulle virtù, il titolo sarà come questo:

ROMANA
Canonizationis Servi Dei
N.N. (qualifica)
INQUISITIO DIOECESANA
DE VITA VIRTUTIBUS FAMA SANCTITATIS ET MIRACULORUM SERVI DEI
Exemplar authenticum
Vol. I (ff. 1-355)

Se l'inchiesta riguarda un martirio:

INQUISITIO DIOECESANA DE MARTYRIO AC FAMA MARTYRII S.D.

Nel caso di un antico Beato il cui culto (*casus exceptus*) non sia stato confermato dalla Santa Sede, al titolo di sopra (sulle virtù o sul martirio) si aggiunge:

...NECNON DE CULTU AB IMMEMORABILI TEMPORE EIDEM PRAESTITO.

Se si tratta di una guarigione:

INQUISITIO DIOECESANA DE MIRA SANATIONE D.NI N.N.,
INTERCESSIONI SERVI DEI TRIBUTA.

Qualora gli atti dell'inchiesta fossero redatti in una lingua non ammessa presso la Congregazione, il Vescovo dovrà provvedere alla traduzione degli atti in una delle lingue più usate: italiano, francese, spagnolo, inglese o in latino. La versione sarà trasmessa in due copie (n. 31*b*). In questo caso si trasmetterà alla Congregazione una sola copia del «transunto» in lingua originale.

Per quanto riguarda i documenti raccolti, la quantità di questi può essere molto varia; per certe cause vengono raccolti migliaia di documenti. In tali casi sarà opportuno consultarsi preventivamente con i competenti della Congregazione circa il miglior modo di far fronte ai problemi connessi con la mole del materiale raccolto.

Nel trasmettere gli atti alla Congregazione, il Vescovo o il Delegato allegherà una lettera indirizzata al Cardinale Prefetto del Dicastero, nella quale esprimerà il proprio giudizio sulla credibilità dei testi e la legittimità degli atti (n. 31*c*).

12. *Inchiesta sui presunti miracoli*

L'inchiesta sui presunti miracoli va fatta separatamente da quella sulle virtù (*Cost. Apost.*, n. 2, 5°; *Normae,* n. 32).

Anzitutto il Postulatore deve presentare al Vescovo competente una accurata relazione sull'asserito miracolo, i relativi documenti e un elenco dei testi da interrogare (n. 33*a*).

Il Vescovo sentirà il parere di uno o più periti e, se decide di fare l'inchiesta formale, affiderà al Promotore di giustizia tutto il materiale relativo al caso perché prepari gli interrogatori, facendosi aiutare da un perito (n. 33*b*). Trattandosi per lo più di guarigioni, il perito sarà un medico; per agevolare il suo compito, nell'Appendice IV di questo volume sono riportati alcuni esempi di interrogatori.

All'atto dell'interrogatorio dovrà essere presente *un perito,* affinché possa suggerire le opportune domande da porre ai testi per ottenere tutte le notizie necessarie per una esatta valutazione del caso (n. 34*a*).

Se la persona guarita è ancora in vita, deve essere sottoposta ad una visita di controllo da parte di *due periti d'ufficio,* allo scopo di accertare il carattere definitivo della guarigione (n. 24*b*). A questi periti *ab inspectione* si chiede che separatamente redigano una relazione sullo stato attuale della persona visitata e rispondano alle domande d'ufficio.

Come testi devono essere indotti anche i *medici curanti* della persona guarita per l'asserita intercessione del servo di Dio. Qualora non fossero disposti a presentarsi personalmente, si cerchi di ottenere una loro dichiarazione scritta, possibilmente giurata, sul decorso della malattia, con la necessaria documentazione. Nel caso che si rifiutino di dare una relazione scritta, si cerchi almeno di ottenere, mediante una persona competente, una informazione orale; l'intermediario poi dovrà essere ascoltato come teste (n. 22*a-b*).

13. *Ciò che non si deve fare*

Le *Normae* terminano con il divieto di qualsiasi solennità o panegirico nelle chiese in lode di un servo di Dio di cui è in corso la causa di canonizzazione.

Questa disposizione va intesa nel senso del *Decretum* della Congregazione dei Riti del 26 agosto 1913[25], con il quale san Pio X proibì innanzi tutto certe solennità fatte in chiesa, «quae contra pristinam consuetudinem celebrantur cum agitur de inchoandis processibus ordinariis». Questa disposizione non viene sempre adeguatamente osservata, specialmente in certe regioni, nonostante che tali solennità non si accordino affatto con la lettera e lo spirito delle *Normae* che regolano l'inchiesta diocesana. Con lo stesso *Decretum* furono proibite anche le solennità di ringraziamento «etiam post editum decretum super heroicitate virtutum vel martyrio», «qua tamen prohibitione (Pius X) impedire non intendit quominus in missis addatur, prout decet, collecta pro gratiarum actione».

Anche fuori di chiesa vanno evitati quegli atti che potrebbero far credere alla gente che con l'inchiesta diocesana sia già assicurato l'esito positivo della causa (n. 36). Solo se una causa risulterà ben fondata e se tutte le ricerche saranno ben fatte, essa avrà la possibilità di concludersi positivamente.

[25] AAS 5 (1913), pp. 136-138.

Capitolo IV

STUDIO DELLE CAUSE IN ORDINE ALL'ACCERTAMENTO DELL'EROICITÀ DELLE VIRTÙ O DEL MARTIRIO

Quando gli atti di una inchiesta diocesana sono stati trasmessi alla Congregazione delle Cause dei Santi, inizia la fase di studio della causa in ordine alla preparazione del dossier (*Positio*) che costituirà la base per il giudizio dei teologi sulla santità della vita o sul martirio del servo di Dio. Terminato positivamente questo esame, viene promulgato il *Decretum super heroicitate virtutum* o *super martyrio.* Di questo lavoro, fondamentale per ogni causa, tratteremo nel presente capitolo, lasciando per il seguente la questione dell'esame del miracolo richiesto per la Beatificazione.

Per meglio corrispondere alle esigenze moderne dello studio delle cause la Congregazione è stata riorganizzata (cf. Cost. Apost. *Divinus perfectionis Magister,* nn. 3-12) e la procedura è stata semplificata (*ibid.*, nn. 13-16); si insiste però maggiormente sul carattere scientifico degli studi richiesti (cf. n. 13, 2°-5°). Nella Costituzione Apostolica sono state date soltanto le norme generali, che poi vengono ulteriormente enucleate nel *Regolamento* del Dicastero.

Nel nostro commento ci limiteremo agli aspetti fondamentali della nuova legge, cercando di facilitarne la comprensione anche a chi per la prima volta si accosta a questo settore; certe cose però sono destinate agli «addetti ai lavori».

Nell'esposizione seguiremo i singoli passi dell'iter giuridico delle cause.

I. Verifica dell'osservanza delle "Normae" che regolano l'inchiesta diocesana

La Costituzione Apostolica, n. 13, 1°, stabilisce che prima di qualsiasi altro esame della causa da parte della Congregazione sia accertata l'osservanza delle norme giuridiche nell'inchiesta diocesana; questo esame previo è di competenza del Sottosegretario: «*Ante omnia Subsecretarius scrutatur utrum in inquisitionibus ab Episcopo factis omnia legis statuta servata sint, et de exitu examinis in Congressu ordinario referet*».

Sul risultato della verifica degli atti il Sottosegretario informa il *Congresso ordinario,* al quale di regola intervengono il Cardinale Prefetto, il Segretario, il Sottosegretario, il Promotore della Fede, il Relatore generale e, all'occorrenza, il relatore del caso.

Se la causa è stata istruita secondo la legge vigente, si tratta di verificare l'osservanza delle *Normae* del 7 febbraio 1983. E se in futuro si metteranno in pratica i suggerimenti dati sopra nel Cap. III (sul modo di preparare i transunti, e in particolare sulle «schede personali» dei testi), la verifica sarà assai facilitata. Per le cause istruite secondo la precedente normativa viene verificata l'osservanza delle norme del tempo[1].

Se le norme sono state osservate, viene emesso il relativo *Decreto* della Congregazione, dopo di che la causa può essere affidata per lo studio ad un Relatore.

II. Il Relatore della causa e il Collaboratore esterno

1. L'istituzione di un Collegio di Relatori è certamente la principale novità nella riorganizzazione della Congregazione effettuata nel 1983. I singoli Relatori hanno il compito di studiare le cause loro affidate e, insieme con i collaboratori esterni, curare la stesura delle relative *Positiones* sulla santità della vita o sul martirio dei candidati alla canonizzazione (Cost. Apost., n. 7).

Al momento della promulgazione della nuova legge non era ben compresa la figura di Relatore, semplicemente perché si trattava di un *nuovo istituto* giuridico; non era però nuovo il *lavoro* che i Rela-

[1] Riteniamo che non è il caso di dar rilievo a eventuali inosservanze di quelle formalità che non sono più richieste dal nuovo diritto.

tori dovevano svolgere: essi infatti avrebbero fatto ciò che, per certe cause, si faceva nell'Ufficio storico–agiografico.

In verità, l'idea di questo nuovo istituto è sorta dall'esperienza dell'Ufficio storico, al quale era affidata la preparazione delle *Positiones* delle cause «storiche». Poiché queste *positiones* spesso erano di alto livello scientifico e così complete da costituire *da sole* una sufficiente base per il giudizio dei teologi sulla santità o sul martirio dei rispettivi servi di Dio, apparivano superflue (in tali casi) le scritture giuridiche richieste dall'antica legislazione (le *Animadversiones* del Promotore generale della Fede e la *Responsio* del Patrono della causa). D'altra parte, sempre più spesso accadeva che per le *Positiones* preparate con il tradizionale sistema per le cause «non storiche» venissero richiesti all'Ufficio storico studi supplementari, o addirittura una nuova *Positio.* A questo punto, non era forse il caso di far sì che tutte le cause fossero dall'inizio studiate come quelle «storiche», e che tutte le *Positiones* fossero redatte con metodo critico; in altre parole, non conveniva estendere l'esperienza dell'Ufficio storico a tutte le cause? Ed è proprio questo che si è inteso con la nuova legge. Ma allora, nel nuovo contesto, non c'era più ragione di un particolare Ufficio storico per le sole cause «storiche». E dal momento che tutte le *positiones* dovevano essere scientificamente impostate e complete ai fini della causa, e a questo dovevano provvedere i Relatori, non c'era più bisogno delle *Animadversiones* del Promotore della Fede[2].

Il compito del Relatore di una causa, dunque, consiste nell'orientare, seguire, controllare il lavoro del collaboratore esterno, rendersi conto di tutti i problemi della causa, far risolvere tutte le difficoltà (se risolvibili) prima della stampa della *Positio* e garantire l'oggettività e la completezza di questa *ad effectum de quo agitur.* Il compito del Relatore non può quindi ridursi a quello di un professore che dirige una tesi di laurea, poiché il Relatore è la *persona d'ufficio* personalmente responsabile del dossier, in base al quale i teologi esprimeranno il loro giudizio sul merito della causa. Al Relatore stesso, però, non spetta di prevenire questo giudizio, esprimendosi sul *grado* delle virtù del servo di Dio. Ancor meno sarebbe conforme alla mente della legge se il Relatore finisse per fare l'avvocato della

[2] Questa problematica è stata trattata nel nostro articolo *Alcune proposte per il rinnovamento delle cause dei Santi,* in «Monitor ecclesiasticus» CV (1980), pp. 305-322 (in particolare 312-315), e le proposte in esso avanzate sono poi state accolte nella nuova legislazione.

causa; conviene piuttosto ricordare che nella funzione di Relatore è stata assorbita, *in parte,* quella di Censura, che in passato svolgeva il Promotore generale della Fede.

Data la gravità della funzione dei Relatori, è ovvio che essi necessitano di una solida preparazione teologica e giuridica (soprattutto di una profonda conoscenza della teologia morale e spirituale), ma anche di una esperienza concreta negli studi storici, senza la quale non è possibile dirigere un lavoro come quello richiesto per la preparazione delle *Positiones;* anzi è necessario anche un tirocinio specifico per questo genere di studi[3], nonché la conoscenza di più lingue[4].

2. Quando il Congresso Ordinario ha deciso di affidare una causa ad un Relatore, il Sottosegretario ne informa il Postulatore, invitandolo a presentare un *collaboratore esterno* che lavorerà sotto la direzione del Relatore. Se il Relatore è la persona responsabile *ex officio* delle cause che gli sono state affidate, per lo studio delle singole cause sono però necessari i collaboratori esterni che lavorino sotto la sua direzione. Questo sistema di lavoro in collaborazione è stato ampiamente sperimentato dall'Ufficio storico, con ottimi risultati, a due condizioni; 1° che il collaboratore fosse adeguatamente preparato per il lavoro richiesto e 2° che il suo lavoro fosse orientato e *costantemente* seguito. Le cause di canonizzazione infatti hanno delle esigenze specifiche, delle quali uno studioso esterno può non rendersi conto, specialmente se (come spesso avviene) per la prima volta affronta questo genere di lavoro.

Per garantire la massima lealtà nella collaborazione, il collaboratore esterno deve impegnarsi con *giuramento* che non nasconderà al Relatore nessuna difficoltà che emergesse nello studio della causa.

Il Relatore, dal canto suo, non autorizzerà la stampa della *Positio* prima che siano state colmate tutte le lacune e risolte tutte le difficoltà.

3. Se durante lo studio della causa il Relatore ritenesse necessaria qualche *perizia* (ad es. di un psicologo o di un teologo esperto *in*

[3] L'unico *adeguato* tirocinio consiste nel redigere personalmente qualche complessa *Positio.*

[4] Poiché le cause provengono da tutto il mondo cattolico, è necessario che i Relatori siano scelti da diverse aree culturali-linguistiche, perché il più gran numero di cause possa essere studiato nelle lingue originali, anche se poi per certe cause bisogna tradurre la *Positio* in una delle lingue più note (italiano, francese, spagnolo, inglese).

re mystica), ne informerà il Congresso Ordinario, che provvederà al caso. Il Relatore stesso però penserà a tutto ciò che riguarda la ricostruzione *storica* della vita del servo di Dio, rivolgendosi all'occorrenza anche a qualche esperto, se il collaboratore esterno non fosse in grado di risolvere qualche questione particolare.

4. Qualora dopo un accurato studio degli atti e documenti apparisse chiaramente l'insufficienza delle prove agli effetti della causa e l'impossibilità di completarle, oppure emergesse qualche altro ostacolo insuperabile, spetta al Relatore riferirne in Congresso Ordinario, il quale deciderà sulla eventuale sospensione della causa.

III. La preparazione della "Positio" sulle virtù o sul martirio

Il lettore non deve attendersi qui una dettagliata istruzione su come preparare una *Positio,* perché questo tipo di lavoro si impara soltanto preparando una Posizione sotto la guida di un esperto; ancor meno possiamo affrontare le questioni di critica storica o di metodologia scientifica, tutte cose che devono essere familiari a chi si accinge a redigere una *Positio.* Qui ci limitiamo ad alcune precisazioni, allo scopo di chiarire la mente della nuova legislazione in materia; non va infatti dimenticato che uno degli obiettivi della recente riforma è stato quello di elevare il livello critico dello studio delle cause (v. sopra, p. 17), e precisamente di far sì che le Posizioni nelle cause «recenti» avessero lo stesso livello scientifico di quelle, più riuscite, prodotte dall'Ufficio storico–agiografico. Ulteriori progressi in questo campo sono sempre possibili e auspicabili, non sarebbe invece conforme alla legge rimanere ancorati a certe impostazioni e forme del passato[5].

[5] In passato, il corpo di una *Positio* era costituito dal *Summarium* dei Processi, contenente le deposizioni dei testi. Al *Summarium* veniva premessa la *Informatio* dell'Avvocato. seguivano le *Animadversiones* del Promotore generale della Fede, e la *Responsio* dell'Avvocato. In certi casi veniva aggiunto un *Summarium documentorum.* — Continuare a stampare il *Summarium* come prima, significa eludere la legge che vuole la *Positio* come opera scientifica, unitaria, organica. Infatti la nuova legge esige l'utilizzo di tutta la documentazione scritta, compresi gli scritti del servo di Dio, nella ricostruzione della sua vita e attività. E nella stragrande maggioranza delle cause non manca tale documentazione, per cui non è più il caso di riportare solo le deposizioni dei testi ed, eventualmente, a parte una serie di documenti, ma tutto il materiale probatorio va scientificamente utilizzato per la ricostruzione della vita del servo di Dio, come diremo più avanti. Per questa parte della *Positio* non è più adeguato il termine *Summarium,* che del resto è equivoco, perché nella prassi della Congregazione ha avuto vari significati.

Ogni causa di canonizzazione ha una sua fisionomia, non solo perché non ci sono due vite uguali, e quindi le questioni da affrontare sono varie da una causa all'altra, ma anche perché il materiale raccolto nell'inchiesta diocesana varia quanto alla natura (a seconda che prevalgano le fonti scritte o le deposizioni di testi), alla quantità e alla qualità. Ma qualunque fosse la natura, la quantità e la qualità del materiale probatorio, la *Positio* può essere organizzata nel rispetto di alcune norme fondamentali, valide per tutte le cause. Questa impostazione generale da rispettare nella preparazione delle *Positiones,* è stata indicata nell'Art. 16 del Regolamento della Congregazione del 21 marzo 1983. Poiché questa norma non è stata sempre bene compresa, ne sarà opportuno un breve commento.

1. *Struttura della "Positio" sulle virtù*

Secondo l'Art. 16 § 1: «La *Positio super vita et virtutibus* deve contenere l'esposizione documentata, in ordine cronologico, della vita e attività del Servo di Dio, nonché le testimonianze sulla sua santità. Le fonti scritte e le testimonianze orali vanno criticamente vagliate, nel contesto storico–ambientale a cui si riferiscono».

Nel § 2 viene stabilito che «Lo studio critico sulla vita del Servo di Dio va preceduto da una *Informatio,* che in linea di principio deve contenere i seguenti elementi: 1. Storia della causa; 2. Fonti e criteri con cui è stata preparata la *Positio;* 3. Profilo biografico del Servo di Dio (preciso e conciso, con rinvii alle pagine della parte documentaria); 4. Fama di santità e suo fondamento (cioè le virtù)».

A) *Il corpo della "Positio"*

Il § 1 riguarda il corpo della *Positio* sulle virtù, ossia lo studio critico della vita virtuosa del servo di Dio e della sua fama di santità *post mortem.* Tale studio avrà due parti.

a) La *prima parte* sarà dedicata alla *ricostruzione della vita e attività del servo di Dio,* ossia alla sua biografia critica. Nella norma però si parla di una «esposizione documentata della vita e attività», e non senza ragione. Nella *Positio* infatti non è sufficiente una qualunque ricostruzione storica, leggendo la quale il lettore dovrebbe fidarsi dell'autore, senza la possibilità di ricorrere *immediatamente* alle fonti. Al contrario, la *Positio* deve offrire ai teologi che la studieranno la possibilità di formulare il loro giudizio sulla santità del servo di Dio basandosi sulle fonti di prima mano.

Il rispetto dell'«ordine cronologico» è, ovviamente, l'esigenza di ogni ricostruzione storica, ma nel nostro caso serve anche per seguire la crescita spirituale del servo di Dio: santi non si nasce ma si diventa. In linea di principio, quindi, l'esposizione sarà articolata secondo i singoli periodi, dalla nascita alla morte.

Questa ricostruzione va fatta utilizzando *tutte* le fonti disponibili, tanto quelle scritte (compresi gli scritti del servo di Dio) quanto le deposizioni di testi (quando ci sono, come nelle cause «recenti»). Per poter sfruttare bene tutte le fonti, senza saltarne alcuna e, al tempo stesso, evitando inutili ripetizioni, è raccomandabile uno *schedario* di tutta la documentazione scritta, integrato con schede relative alle deposizioni dei testi nelle quali vengono toccati gli stessi argomenti o altri dei quali va tenuto conto nella ricostruzione storica della vita e attività del servo di Dio. Disposte in ordine cronologiche, le schede saranno di grande aiuto nella stesura della *Positio.*

Si esige che tutte le fonti siano *criticamente vagliate* nel contesto storico–ambientale; ciò vale, dunque, anche per le deposizioni dei testi raccolte nell'inchiesta diocesana. Bisogna tener presente che il giuramento prestato dai testi garantisce solo la loro veridicità, ma non sempre anche l'esattezza delle loro informazioni: spesso le stesse cose riferite dai testi possono essere meglio conosciute da fonti scritte contemporanee.

Quanto a eventuali scritti del servo di Dio, essi possono risultare di primaria importanza sia per la stessa ricostruzione storica della sua vita sia per la conoscenza della sua spiritualità. A questa, se è il caso, va dedicato un capitolo a parte[6].

Nella maggior parte dei casi, a causa dell'abbondanza delle fonti sarà necessario farne una *scelta,* che sarà frutto di una meditata lettura di tutto il materiale documentario e testificale. Le fonti che e in quanto fanno conoscere la condotta abituale del servo di Dio saranno riportate integralmente[7]; trattandosi invece delle ricostruzioni

[6] Data la natura della *Positio,* che è una presentazione critica delle prove della santità del candidato alla canonizzazione, la sua spiritualità deve apparire dalle fonti stesse; per i teologi quindi non c'è bisogno che il redattore del dossier indulga in lunghe «meditazioni» sulla spiritualità del servo di Dio.

[7] Se parecchi testi nelle loro deposizioni dicono la stessa cosa, non è proprio il caso che in un lavoro critico, come dovrebbe essere una *Positio* redatta sotto la responsabilità di un Relatore, vengano riportate tutte quelle testimonianze; riportata una o l'altra, le altre possono essere segnalate nelle note con rinvio alla Copia pubblica.

dell'ambiente storico, si procederà come in altre opere storiche, con rinvii all'apparato critico.

b) Nella *seconda parte* del corpo della *Positio* saranno riportate le testimonianze sulla *fama di santità* del servo di Dio, dalla sua morte in poi. Per un adeguato giudizio sulla causa è importante conoscere lo sviluppo di questa fama, la quale ad un certo momento deve aver determinato l'inizio della causa di canonizzazione.

Se si tratta di una causa «antica», l'antica fama di santità sarà provata mediante le fonti scritte. Le deposizioni dei testi servono per provare la continuazione della fama fino al momento dell'inchiesta canonica.

Se la causa è «recente», nelle deposizioni dei testi si trovano tanto elementi utili per la ricostruzione della vita e attività del servo di Dio quanto i giudizi sulla sua santità. I primi, in linea di principio, saranno sfruttati nella prima parte dello studio critico, come è stato detto sopra. Di conseguenza, per la seconda parte rimangono i giudizi generici dei testi sulla sua santità.

Così il lettore dello studio critico conoscerà progressivamente la vita virtuosa del servo di Dio, la sua santa morte, la fama di santità sviluppatasi dopo, la quale deve aver determinato l'avvio della sua causa di canonizzazione. Questo dossier critico *da solo* dovrebbe essere sufficiente perché il teologo possa formarsi un giudizio ben fondato sulla santità del candidato[8].

B) *Informatio*

Il § 2 dell'Art. 16 richiede che lo studio critico venga preceduto da una *Informatio*.

Secondo la plurisecolare prassi, la *Informatio* la scriveva il Patrono della causa, ed essa conteneva i dati sopra richiesti. Ma dopo l'istituzione della Sezione Storica della Congregazione dei Riti (1930), nelle *Positiones* «storiche» il Relatore generale premetteva la sua *Informatio*, alla quale seguiva un *Summarium de vita et virtuti-*

[8] Perché i lavori di questo genere non rimangano noti solo a poche persone, è auspicabile che almeno la parte biografica della *Positio* venga stampata come libro a parte e così sia accessibile ad un più largo pubblico. Ciò si è fatto in occasione della causa del Servo di Dio Giovanni Battista Scalabrini: la biografia critica redatta per la *Positio super virtutibus* è stata pubblicata dalla Città Nuova Editrice (MARIO FRANCESCONI, *Giovanni Battista Scalabrini, vescovo di Piacenza e degli emigrati,* [Roma 1985], pp. 1306). S'intendeva, con questa, aprire una nuova collana di lavori della Congregazione delle Cause dei Santi, ma finora l'esempio non è stato seguito.

bus Servi Dei; anche in questi casi, il Patrono poi redigeva la solita *Informatio,* nella quale, per forza, finiva per ripetere ciò che era già riferito nei precedenti due scritti; così, tra l'altro, un nuovo profilo biografico si aggiungeva ai due precedenti, e una nuova silloge delle virtù a quella già riportata nel citato *Summarium.* Conveniva mettere fine a questo sistema. Nella nuova legge, infatti, è prevista una sola *Informatio.*

Prima però che la relativa norma (§ 2) venisse formulata, era già stata redatta una *Informatio* secondo i nuovi criteri, e precisamente nella *Positio* «storica» del Servo di Dio, ora Beato, Pietro Friedhofen (1980). Dopo l'entrata in vigore della nuova legge (1983), questa *Positio* fu la prima ad essere discussa in sede teologica «ad normam novae legis», secondo il prescritto del *Decretum generale,* n. 4, del 7 febbraio 1983, cioè senza una nuova *Informatio* dell'Avvocato, le *Animadversiones* del Promotore della Fede e la *Responsio* del Patrono. Così i Consultori teologi hanno potuto subito verificare la validità della nuova procedura.

A differenza delle *Informationes* redatte dagli Avvocati però, in quella per la *Positio* di Friedhofen si è evitato di insistere sul *grado eroico* delle virtù del Servo di Dio, per non prevenire in alcun modo il giudizio dei teologi; e nel riportare gli elementi per un tale giudizio ciò è stato fatto in modo da *ricordare* ai teologi quello che essi avessero già appreso dalla lettura delle fonti, e non per dispensarli da tale lettura, perché non si ripetesse ciò che in passato talvolta avveniva, cioè che i giudicanti si limitassero alla lettura delle scritture giuridiche dell'Avvocato e del Promotore della Fede. Nella causa di P. Friedhofen, quindi, i teologi hanno dovuto leggere tutta la *Positio,* così il loro voto è stato più personale e meglio fondato. Sono questi i criteri che dovrebbero essere seguiti nella redazione dell'*Informatio.*

La presentazione sintetica delle virtù del Servo di Dio nell'*Informatio* deve essere pienamente conforme a quanto è stato documentato nello studio critico, e il Relatore in persona ne è responsabile. (Contro)firmando l'*Informatio* egli garantisce che nella predetta sintesi non sono state omesse eventuali ombre o accentuato più del giusto il valore di certe prove.

Per qualche *Positio* pubblicata dopo l'entrata in vigore della nuova legge, la silloge delle virtù del Servo di Dio non è stata fatta nell'*Informatio,* ma in un *Summarium super virtutibus,* messo in fondo alla *Positio*[9]. È un accorgimento tecnico che ha la sua giustificazione: un tale *Summarium* infatti è utile solo a chi ha già letto il corpo della *Positio,* e dovendo essere letto per ultimo, il suo posto nel volume sta bene dopo la ricostruzione della vita del servo di Dio. In tal caso nell'*Informatio,* premesso un breve profilo biografico del servo di Dio, sarà riportata la storia della causa e presentate le fonti su cui questa si basa nonché i criteri seguiti nella redazione della *Positio:* insomma, una introduzione critica.

———

Una nuova *Positio* sulle virtù, se impostata secondo quanto sopra indicato, consterà, dunque, delle seguenti parti:

Informatio[10]
Vita e attività del servo di Dio
Fama di santità:
– dalla morte all'inchiesta canonica
– estratti dalle deposizioni dei testi
Appendici (eventuali perizie e sim.) e indici[11].

Il *titolo* del dossier, per essere pienamente conforme a quanto disposto nel n. 1 della Costituzione Apostolica, dovrà essere *Positio*

[9] Si veda, ad esempio, la *Positio* per la causa di Aemilia Tavernier, vid. Gamelin, Roma 1989, pp. 439-486.

[10] Nel caso che venga fatto a parte il *Summarium super virtutibus,* come sopra, al posto del titolo «Informatio» può stare «Introduzione».

[11] A questo punto non ci resta che raccomandare un attento studio di qualche *Positio* ben fatta, per rendersi conto dell'impostazione del lavoro in questo campo. Per le cause «antiche» può essere una buona guida pratica la *Positio* di Nicolò Stenone (1794), anch'essa discussa in sede teologica (1983) senza alcun previo intervento dell'Avvocato e del Promotore della Fede. — Mentre la *Positio* di Stenone è «storica» in senso classico, per quella già citata di Pietro Friedhofen si disponeva anche di un processo in cui erano stati escussi i testi *de visu* e *de auditu a videntibus,* ma di scarso valore probativo pre l'eroicità delle virtù. Di conseguenza, per la ricostruzione della vita e attività del Beato si è dovuto ricorrere quasi esclusivamente alle fonti scritte, trascurando buona parte delle deposizioni dei testi, nella misura cioè in cui questi non facevano che ripetere le notizie attinte dalle stesse fonti. Tuttavia la *Positio* di Friedhofen può dare una idea di come si può impostare un lavoro del genere in una causa che dispone del materiale documentario e di quello testificale. — Oggi sono rare le cause che non dispongano di materiale documentario, per cui l'apparato probatorio consisterebbe esclusivamente (o quasi) nelle deposizioni di testi. In questo caso, ovviamente, il corpo della *Positio* sarà costituito dalle deposizioni dei testi, ma con un apparato critico e con una previa ricostruzione storica dell'ambiente in cui il servo di Dio visse e operò.

super vita, virtutibus et fama sanctitatis[12]. La stessa cosa potrebbe essere espressa col titolo *Positio super sanctitate vitae*[13].

2. *Positio super martyrio ac fama martyrii*

Se la causa riguarda un presunto martire, il corpo della *Positio* consisterà nelle prove del martirio e della sua causa. Tuttavia è opportuno presentare anche la vita del servo di Dio, seppure in modo sintetico; spesso infatti il martirio appare come coronamento di una vita santa.

L'*Informatio,* mutatis mutandis, sarà analoga a quella delle Posizioni sulle virtù[14].

Il martirio è definito «voluntaria mortis perpessio sive tolerantia propter Fidem, vel alium virtutis actum in Deum relatum»; quindi «martyrem non facit poena, sed causa».

Per quanto riguarda il *persecutore,* occorre provare che nel causare la morte del martire ha agito «in odium fidei, vel virtutis a fide praescriptae».

Così pure bisogna provare che il servo di Dio ha volontariamente accettato la morte inflittagli per motivo della Fede, «fides credendorum, vel agendorum», che è l'unica causa che fa il martire[15]. Quanto all'*accettazione volontaria del martirio,* secondo Benedetto XIV la volontà può essere «actualis (quae) est optima, virtualis sufficit, quae non sit retractata et influat in actum; et sufficere quoque dicendum est habitualem, puta, si quis aliquando martyrium op-

[12] Per il fatto che nell'Art. 16 del Regolamento del 1983 si parla di *Positio super vita et virtutibus* qualcuno ha dedotto che la nuova legge non richiederebbe l'esame della fama di santità da parte della Congregazione. Basta leggere il testo del citato Articolo per convincersi del contrario; comunque, rimandiamo a quanto è stato detto sull'oggetto dell'inchiesta diocesana (v. sopra, p. 30).

[13] Una cosa è il titolo di un'opera scientifica, come dovrebbe essere una *Positio* fatta secondo la mente della nuova legge, e altra cosa è lo scopo a cui questo dossier deve servire. È logico che il titolo corrisponda al contenuto dell'opera, che nel caso tratta della «vita, virtù e fama di santità» (o della «santità della vita») del servo di Dio. Altra cosa è il *dubium,* al quale devono rispondere i Consultori teologi, ossia: *an constet de fama sanctitatis et an constet de virtutibus in gradu heroico...* Non è il caso che questo *dubium* venga stampato sul frontespizio o altrove; ciò vale anche per altri eventuali quesiti a cui possono essere chiamati a rispondere i Consultori storici.

[14] Non mancano buone *positiones* che possono servire da modello per questo tipo di cause, sia che si tratti delle cause «storiche» (antiche) che di quelle «recenti».

[15] BENEDICTUS XIV, lib. III, cap. 19, num. 1, p. 184.

tasset, postea nihil de eo cogitans, sed praedicans, vel aliud quid meritorium faciens, per insidias occideretur ex odio in fidem»[16].

Il secolo XX è il secolo dei martiri, ma più di una volta potrebbe essere difficile provare il martirio *formale* a causa delle circostanze in cui il martirio è avvenuto, sia perché i persecutori moderni spesso non volevano «creare martiri» e cercavano di mascherare l'*odium fidei,* sia perché le vittime sono state liquidate senza che ci fossero testimoni validi per provare le loro intime disposizioni (l'accettazione del martirio) fino agli ultimi momenti[17].

E a proposito delle prove richieste in questi casi Benedetto XIV insiste: «iterum subdimus, certas et evidentes probationes esse necessarias, neque sufficere praesumptivas et conjecturales»[18].

3. *Positio super virtutibus (vel martyrio) et cultu immemorabili*

Se si tratta della causa di canonizzazione di un antico Beato, venerato «ab immemorabili tempore» senza che il culto sia stato confermato dalla Sede Apostolica, nella *Positio,* oltre la documentazione riguardante la vita, le virtù e la fama di santità (o il martirio e la fama di martirio), deve essere riportata anche quella relativa all'origine e alla continuazione del culto pubblico ecclesiastico, allo scopo di provare che si tratti di un «casus exceptus a decretis Urbani VIII»[19].

Sarà quindi preparata una *Positio super vita, virtutibus, (fama sanctitatis) et cultu* (oppure *super sanctitate vitae et cultu*), rispettivamente la *Positio super martyrio et cultu.*

Nella prima parte del corpo della *Positio* vanno riportate le prove dell'esercizio eroico delle virtù o del martirio, come nelle altre cause «antiche». Nella seconda parte saranno documentati la fama di

[16] IDEM, lib. III, cap. 16, num. 5, p. 146.

[17] «Ut quis martyrum catalogo adscribatur, satis non est, si voluntarie mortem acceptet pro Christo, item si ei mors ex odio erga Christum, et eius fidem inferatur; sed etiam oportet, ut invicte et patienter in eadem voluntate perseveret usque ad obitum, atque in ipso obitum [...] Quod si... in causis Confessorum omnia sedulo ponderanda sunt, ut, quantum fas est, dignoscatur, an in Dei gratia decedant; potiori ratione in hanc ipsam rem inquirendum erit in causis martyrum, in quibus non integer vitae cursus examini exponitur, uti fit in Confessoribus, sed ut plurimum in mortem dumtaxat stricte inquiritur». BENEDICTUS XIV, lib. III, cap. 18, num. 12, p. 178.

[18] IDEM, lib. III, cap. 3, num. 6, p. 18.

[19] Vedi sopra, p. 31.

santità *post mortem* e il culto pubblico ecclesiastico tributato al «Beato» «ab immemorabili tempore» e fino ai nostri giorni.

IV. Esame della "Positio" da parte dei Consultori storici

Certe *Positiones,* prima di essere oggetto di studio da parte dei teologi vanno sottoposte all'esame preventivo dei Consultori storici, chiamati a pronunciarsi sull'aspetto scientifico del dossier, cioè sulla *qualità* della documentazione nonché sulla sua *completezza* e *sufficienza ai fini della causa;* il loro giudizio costituisce per i teologi la garanzia di possedere una base storica solida per pronunciarsi sul merito della causa.

Lo studio degli storici, dunque, ha il carattere di una perizia, e non quello di un pronunciamento sulla santità del servo di Dio, anche se talvolta i Consultori storici (che per lo più sono anche teologi) trovano difficile non passare nel campo dei teologi.

In passato, ai Consultori storici venivano sottoposte tutte le Posizioni «storiche», cioè quelle redatte dalla Sezione storica (poi Ufficio storico–agiografico). Questa norma rimane in vigore per le cause «antiche»[20]; ma può darsi che anche in qualche causa «recente», per la particolare problematica del caso, appaia necessario o utile sentire il parare di persone competenti nella storia contemporanea della regione interessata.

Se la maggioranza dei Consultori storici interpellati trovasse la *Positio* insufficiente ai fini della causa, né fosse possibile rimediarvi con ulteriori studi, il dossier non sarà trasmesso ai teologi. Ma se dal punto di vista storico il dossier risultasse completo *ad effectum de quo agitur,* cioè costituisse una base solida per un giudizio sulla vita del servo di Dio, lo storico non deve preoccuparsi quale sarà il giudizio dei teologi. È infatti possibile che un dossier storicamente ineccepibile non offra sufficienti elementi per un giudizio positivo sull'eroicità delle virtù; nel qual caso il teologo risponderà *negative* o *suspensive* al quesito sul merito della causa. In altri termini, a un giudizio positivo degli storici sulla attendibilità e la completezza del

[20] Forse questa norma andrebbe applicata con una certa elasticità; può darsi, infatti, che la *Positio* di qualche causa «antica» (nel senso spiegato sopra, p. 36s) non richieda particolari verifiche da parte dei Consultori storici. In tal caso, riteniamo che il Congresso Ordinario, sentito il parere del Relatore della causa, potrebbe decidere che la Posizione venga rimessa direttamente ai Consultori teologi.

dossier non deve necessariamente seguire un giudizio positivo dei teologi sull'eroicità delle virtù o sul martirio.

Qualora i Consultori ritenessero necessario qualche supplemento d'indagini, sarà cura del Relatore della causa a provvedervi, e lo studio suppletivo sarà riportato, insieme con i voti dei Consultori, nella *Relazione sulla Seduta dei Consultori storici,* curata dal Relatore generale. Questa Relazione va considerata parte integrante della *Positio*, la quale solo ora è pronta per essere trasmessa ai teologi.

V. Esame della "Positio" da parte dei Teologi

Il fine essenziale di una causa di canonizzazione è il raggiungimento della verità circa la *santità della vita* o il *martirio* di un servo di Dio. A pronunciarsi in merito, in base alle testimonianze raccolte e criticamente presentate nella *Positio,* saranno anzitutto il Promotore della Fede (Prelato Teologo) e otto Consultori teologi, riuniti in un CONGRESSO PARTICOLARE.

1. *Il Promotore della Fede*

Secondo l'antica legislazione, presso la Congregazione c'era il Promotore generale della Fede, al quale spettava «ius tueri» nei processi di canonizzazione (l'ufficio di Censura) e poi esprimere il proprio voto sul merito della causa.

Nella vigente legislazione, al Promotore della Fede è rimasta questa seconda funzione, anzi essa è stata messa in maggior rilievo con la qualifica di Prelato Teologo. La funzione di Censura, invece, è passata al Sottosegretario per quanto riguarda la verifica dell'osservanza della legge nell'inchiesta diocesana; e quanto alle obiezioni (*animadversiones*) che il Promotore era solito fare durante la trattazione delle cause presso la Congregazione, questo compito — *quoad substantiam* — è passato ai Relatori, che devono provvedere a colmare tutte le lacune e risolvere eventuali difficoltà prima della stampa della *Positio.* Al Promotore dunque non incombe più il dovere di occuparsi della causa durante l'allestimento della *Positio,* ma quello di formulare il giudizio sull'eroicità delle virtù, o sul martirio del servo di Dio, in base al dossier presentato e garantito dal Relatore della causa.

È superfluo rilevare che tale compito richiede che il Promotore studi personalmente la causa; e qualora in qualche caso ciò non sia possibile, è prevista la nomina di un Promotore *ad casum.*

Al Promotore spetta dirigere la discussione nel Congresso dei Teologi e poi stenderne la Relazione. In qualità di esperto teologo, egli partecipa alla Congregazione dei Cardinali e Vescovi.

2. *Il Congresso particolare dei Consultori teologi*

Il Congresso dei teologi deve essere preceduto non solo da un approfondito studio della *Positio* da parte dei singoli Consultori chiamati a pronunciarsi sul caso, ma anche da un preventivo chiarimento di eventuali questioni controverse. Secondo la Costituzione Apostolica, n. 13, 4°, infatti, ai Consultori spetta *«una cum Promotore fidei, causae ita studere, ut, antequam ad discussionem in Congressu deveniatur, quaestiones theologicae controversae, si quae sint, funditus examinentur».*

Per mettere in pratica quanto prescrive la Costituzione Apostolica, è previsto che i Consultori mandino i loro voti scritti al Promotore della Fede, il quale li studierà, per vedere se vi siano dei punti controversi che necessitino di un ulteriore approfondimento. Nell'inviare copia di tutti i voti a ciascun Consultore, attirerà la loro attenzione su quei punti, in vista della discussione congressuale, e fisserà la data del Congresso.

Nel testo della Costituzione si parla di questioni controverse sotto l'aspetto *teologico,* quindi nel campo che è di competenza dei teologi, e non di questioni di ordine storico–scientifico; si suppone che il Relatore della causa abbia fatto tutto il possibile perché la *Positio* fosse completa *ad effectum de quo agitur,* ed ai teologi spetta di dire se «ex actis et probatis» consta o non consta dell'eroicità delle virtù o del martirio formale del servo di Dio.

Non è tuttavia escluso che qualche Consultore teologo possa suggerire delle indagini concrete per colmare qualche lacuna della *Positio.* In tal caso il Promotore della Fede, se necessario, si rivolgerà al Relatore della causa perché provveda al caso; né sarà convocato il Congresso prima che i Consultori abbiano potuto avere lo studio suppletivo. In Congresso, i Consultori preciseranno le proprie posizioni definitive.

Con questa procedura si è voluto garantire al massimo la serietà dello studio delle cause da parte dei Consultori teologi, evitando così che qualche causa con dei problemi non pienamente risolti sia portata nella Congregazione dei Cardinali e Vescovi.

3. *Oggetto della discussione in sede teologica*

Ai Teologi si chiede di rispondere ad un preciso quesito — *dubium* — che, a seconda dei casi, riguarda la *fama di santità e il suo fondamento, cioè l'eroicità delle virtù,* oppure *la fama di martirio e il suo fondamento, cioè il martirio e la sua causa.* Nelle cause degli antichi Beati, se è il caso, il quesito comprende *anche il culto immemorabile.*

Il teologo, dunque, dovendo pronunciarsi sul merito di una causa, dovrà verificare:

1°, se è provata l'esistenza di una vera fama di santità o del martirio, senza la quale non si giustifica una causa di canonizzazione; qui vanno applicati i criteri riportati sopra, nel Capitolo II (pp. 25-29);

2°, accertata l'esistenza della fama di santità o del martirio, occorre verificare se alla base di questa fama è effettivamente una santità di vita che ha raggiunto il grado eroico, o un vero martirio; e l'eroismo delle virtù, rispettivamente il martirio formale, deve essere provato direttamente, con testi oculari, e non dedotto dalla sola fama di santità o del martirio (questa «prova indiretta» non è sufficiente *ad effectum*). Bisogna tener presente che un eventuale voto affermativo sulla fama di santità o del martirio non comporta *eo ipso* un voto affermativo sull'eroicità delle virtù o sul martirio formale, poiché «haec duo possunt stare simul, *constare* videlicet *de fama virtutum aut martyrii...,* et *non constare de virtutibus in individuo aut de martyrio...*»[21].

Di tutto ciò si dovrebbe tener conto già nell'inchiesta diocesana, di modo che, di fronte ad una evidente insufficienza delle prove necessarie, il Vescovo dovrebbe sospendere la causa. Se invece la causa è già in corso di studio presso la Congregazione, spetta al Relatore della causa di rendersi conto della consistenza dell'apparato probatorio; e qualora, dopo accurato studio del materiale disponibile, arrivasse alla conclusione che le prove sono insufficienti *ad effectum de quo agitur,* dovrebbe informarne il Congresso Ordinario[22].

[21] BENEDICTUS XIV, lib. I, cap. 22, num. 16, p. 204.
[22] Cf. sopra, p. 61, num. 4.

Se una *Positio* è stata sottoposta all'esame dei Consultori teologi, questi in piena libertà e indipendenza di giudizio valuteranno le prove riguardanti sia la fama di santità o del martirio che il relativo fondamento (l'eroicità delle virtù o il martirio formale), senza presupporre provato l'una o l'altro solo perché la *Positio* è stata presentata dal Relatore della causa. È bene ricordare, infatti, che una *Positio* può essere ben fatta dal punto di vista storico–scientifico, e al tempo stesso povera per un giudizio teologico sul merito della causa; in questo caso il teologo ha bisogno di maggiore acutezza e attenzione, per non lasciarsi annebbiare la vista (di teologo) dalla ricchezza dell'erudizione storica.

4. *Concetto di eroicità delle virtù*

Dell'eroicità delle virtù Benedetto XIV tratta nel libro III, c. 21, in particolare nel num. 10. Gli autori ivi citati concordano nel ritenere eroica la virtù che si manifesta nelle opere straordinarie o rese particolarmente difficili dalle circostanze, per cui il modo virtuoso (abituale) di agire del servo di Dio appare superiore al modo di agire di altre persone virtuose della stessa condizione[23].

Mentre l'eroismo dei Martiri rifulge in uno o pochi atti molto ardui e meravigliosi, nei non martiri invece, per poter parlare dell'eroicità delle virtù, è necessario un lungo periodo in cui il servo di Dio abbia dato prova di quella «excellentia vitae» (Innocenzo IV) che non è dei comuni mortali, anche se virtuosi e che consiste in una «intensa, lunga e molteplice eroicità estesa a molti atti e abiti» virtuosi[24].

L'«excellentia vitae» però, di per sé non consiste nelle «grandi cose» di cui sarebbe costellata la vita del servo di Dio, bensì nella fedeltà, intensità e costanza con cui il servo di Dio ha attuato la volontà di Dio nei suoi riguardi. «La santità propriamente consiste solo

[23] Il card. Capisucchi, citato da Benedetto XIV, lib. III, cap. 21, num. 10, p. 215, ritiene «virtutem heroicam esse illam, quae sive ob excellentiam operis, sive ob circumstantiam intervenientem, quae opus difficillimum reddat, erumpit in actum superantem communem modum operandi humanum, ita ut quis heroice operari dicatur, cum operatur supra communem hominum, etiam virtuose operantium, condicionem».

[24] «Ecclesia quae in Confessore canonizando non solum mortem, sed et vitam imitationi fidelium proponit non brevem, et actu uno collectam, sed intensam, longam, et multiplicem, extensamque per multos actus et habitus heroicitatem requirit». BENEDICTUS XIV, lib. III, cap. 39, num. 5, p. 467.

nella conformità al divino volere, espressa in un continuo ed esatto adempimento dei doveri del proprio stato»[25].

Alla questione, quanto lungo debba essere il suddetto periodo, Benedetto XIV risponde che secondo alcuni Consultori, per approvare le virtù di un servo di Dio, è necessario ch'egli sia vissuto *heroice* almeno gli ultimi dieci anni della vita. Lo stesso Benedetto XIV, pur sostenendo la necessità di un lungo periodo dell'esercizio eroico delle virtù, non ritiene di dover fissare un certo numero di anni, lasciando che ogni teologo valuti se il servo di Dio, o per il lungo periodo di una vita vissuta eroicamente, o per la qualità degli atti esercitati in un periodo più breve, meriti di essere dichiarato eroe delle virtù e annoverato tra i Santi[26].

5. *Accertamento dell'eroicità delle virtù*

Per accertare il grado eroico delle virtù di un servo di Dio, secondo Benedetto XIV, che si richiama alla prassi della Sede Apostolica nelle cause di canonizzazione, occorre tener presenti i seguenti criteri[27]:

[25] Benedetto XV, citato nel Decreto sull'eroicità delle virtù di Antonio Maria Gianelli, in AAS 12 (1920), p. 173. — Il 6 genn. 1928, in occasione della lettura del Decreto sull'eroicità delle virtù del Fratel Benildo dei Fratelli delle Scuole Cristiane, parlando della sua vita che fu «tutta di modestia e di silenzio, tutta comune e tutta quotidiana», Pio XI così continuava: «Ma quanto di non comune e di non quotidiano è in quel comune e in quel quotidiano! Il quotidiano che torna sempre lo stesso, che ha sempre le stesse occupazioni, le stesse situazioni, le stesse difficoltà, le stesse tentazioni, le stesse debolezze, le stesse miserie fu ben detto il "terribile quotidiano". Quale forza si richiede anche solo per difendersi da questo terribile, schiacciante, monotono, asfissiante quotidiano! Quanta non comune virtù è necessaria per adempiere con non comune esattezza, o meglio non con la comune quotidiana così frequente inesattezza, rilassatezza, negligenza, faciloneria, ma con attenzione, pietà, fervore intimo di spirito, tutto il complesso di cose comuni che riempie la nostra vita quotidiana!». *Discorsi di Pio XI,* ed. a cura di Domenico Bertetto, vol. I, p. 759.

[26] «Dum munere fungebar Fidei Promotoris..., nonnullos Consultores audivi asserentes pro virtutum approbatione opus esse, ut Dei Servus per spatium saltem ultimorum decem annorum suae vitae heroice vixerit, sive res sit de Dei Servo, qui ante conversionem multis fuerit criminibus obnoxius, sive de Dei Servo, qui citra gravia crimina, sed non heroice antea vixerit.» Non avendo mai avuto una adeguata giustificazione di tale asserzione, Benedetto XIV è rimasto della sentenza, «quae diuturnam exposcit quidem heroicitatem, absque ulla tamen temporis definitione: ideoque, ubi casus contingat, unusquisque in causa suffragaturus, perpenso antecedentis vitae Servi Dei cursu, videre debebit, an vel diuturni ratione temporis, quo heroice vixit, vel ratione qualitatis actuum, quos breviori tempore exercuit, ille inter Heroas possit adscribi, et inter Sanctos in Ecclesia colendos recenseri... ». BENEDICTUS XIV, lib. III, cap. 39, num. 5, p. 467.

[27] IDEM, lib. III, cap. 21, num. 11, pp. 216-219.

1°. Le virtù in questione sono quelle cristiane, soprannaturali, che si riferiscono a Dio come a fine ultimo soprannaturale.

2°. Non si tratta di dimostrare un qualunque esercizio delle virtù, ma il *grado eroico* delle medesime[28].

3°. L'eroicità consiste nell'*excellentia operis,* che per lo più è tale a causa della sua arduità; ciò che è comune e ordinario non provoca l'ammirazione, non è «eccellente»[29].

4°. L'*excellentia operis* e la sua arduità vanno giudicate dalle circostanze, poiché ciò che, ad esempio, è normale per un adulto, può essere eroico per un fanciullo.

5°. Premesso quanto sopra, l'Autore rileva che al fine di dimostrare l'eroicità delle virtù, come richiesto in una causa di canonizzazione — «in re et ad effectum, de quo agitur» — non sono sufficienti pochi atti di virtù, anche se eroici, perché nei candidati alla Canonizzazione si richiede una molteplice «excellentia vitae» (per usare i termini dei canonisti) o il grado eroico delle virtù (come dicono i teologi), e ciò non è possibile dimostrare se non vengono addotti molti atti eroici[30].

6°. Non bastano nemmeno molti atti di *una* virtù, ma è necessario che siano dimostrati gli abiti eroici delle virtù teologali e cardinali. A questo punto l'Autore precisa che non è necessario che l'eroicità delle singole virtù teologali e cardinali sia dimostrata con molti atti eroici dello stesso genere provenienti dalle singole virtù, ma occorre provare con molti atti eroici l'esercizio delle virtù teologali, sopratutto va provata la carità eroica; e quanto alle virtù cardinali, è necessario dimostrare il grado eroico di quelle virtù nelle quali il servo di Dio, nel suo stato e condizione, ha potuto esercitarsi[31].

28 «(ponderandum est) secundo, *vim et naturam quaestiones* non constitui in virtutibus christianis utcumque, sed in *earum heroicitate*».

29 «(ponderandum est) tertio, heroicitatem nihil aliud esse, quam operis excellentiam, quae ab ipsa operis arduitate ut plurimum causam habet et originem; quae enim communia sunt et ordinaria, non sunt excellentia, nec excitant admirationem,... ».

30 «(ponderandum est) quinto, in re et ad effectum, de quo agitur, paucos actus, licet heroicos, non sufficere; cum multiplex excellentia vitae requiratur in Canonizandis, uti loquuntur Canonistae in superioribus allegati, et cum de virtutibus constare dici non possit in gradu heroico, uti loquuntur Theologi, si multiplices non proponantur actus a Dei Servis eliciti, qui qualitate heroica praediti sint; ...».

31 «(ponderandum est) sexto, multitudinem actuum, licet heroicorum, satis non esse, ut virtutes Beatificandi et Canonizandi approbentur; satis enim non est, si ex pluribus heroicis actibus, ex. gr. virtutis fidei heroicus habitus fidei probetur, sed ulterius requiritur, ut ex aliis actibus iuxta modum infra explicandum habitus heroici aliarum virtutum theologalium et cardinalium demonstrentur, [...] Quae tamen sic explicanda sunt et intelligenda, non ut in quolibet Beatificando et Canonizando opus sit, ut probetur existentia virtutum tum theologa-

7°. Non si può dire provata l'*excellentia virtutum,* se i predetti atti eroici non risultano compiuti prontamente, con facilità e con diletto[32].

Infine, per poter rispondere *affirmative* al *dubium* sulla eroicità delle virtù, è necessario che il servo di Dio sia stato «semper idem» nell'esercizio delle virtù, senza venir meno all'impegno di tendere sempre alla perfezione.

Allo scopo di accertare l'eroicità delle virtù dei candidati alla canonizzazione, la Santa Sede ha sempre fatto istruire i processi «super virtutibus *in specie»*; né si comprende come sia possibile accertare l'esercizio delle virtù per «multiplices actus... a Dei Servis elicitos, qui qualitate heroica praediti sint», se non si conosce l'esercizio delle virtù nei particolari o «in individuo».

Alla luce di questa dottrina appare infondata la tesi secondo cui in certi casi sarebbe sufficiente dimostrare «l'eroicità delle virtù *in genere»*[33].

Altra è la questione della consistenza (ricchezza) dell'apparato probatorio, che varia da causa a causa, e che può esser abbondante o appena sufficiente *ad effectum.*

lium, tum cardinalium in gradu heroico per multiplices heroicos actus eiusdem generis ex unaquaque virtutum procedentes; sed ut in omnibus et singulis Beatificandis et Canonizandis per actus multiplices heroicos probetur existentia virtutum theologalium, et praecipue caritatis, in gradu heroico. [...] Probatis autem modo praedicto virtutibus theologalibus in gradu heroico, necesse est, ut probetur virtutum quoque cardinalium, seu moralium existentia non semper per actus heroicos, sed quandoque per actus heroicos, quandoque per actus communes, restricta actuum heroicorum necessitate ad eas virtutes, in quibus Dei Servus, dum viveret, iuxta suum statum et condicionem potuit se exercere,... ».

32 «Septimo, adnotare quoque fas est, virtutum excellentiam per actus, licet multiplices et heroicos, probatam dici non posse, si prompte, facile, et cum delectatione praedicti actus eliciti non fuerint».

33 Tale espressione non ha alcun riscontro nella plurisecolare prassi della Congregazione, che ha sempre parlato «*de fama* (sanctitatis vel martyrii) *in genere*», e non *«de heroicitate... in genere»,* né vi è alcuna legge antica o recente che giustifichi qualche innovazione in proposito. Per la canonizzazione, come già detto, è stato sempre richiesto il processo *super virtutibus in specie* e il decreto *super heroicitate virtutum,* anche nelle cause degli antichi Beati, venerati «ab immemorabili tempore» (*casus excepti a decretis Urbani VIII*). In queste ultime però, il processo sulle virtù *in specie,* fino al 1912, veniva istruito dopo il riconoscimento del *casus exceptus e la concessione di messa e ufficio* in onore del Beato. San Pio X, invece, ha stabilito che tale processo venisse istruito *prima della concessione della messa,* che poi poteva essere concessa soltanto «edito decreto de facto cultus immemorabilis et *de heroicitate* virtutum» (can. 2134). E per quanto riguarda l'accertamento dell'eroicità delle virtù, dovevano essere seguite le disposizioni dei canoni 2087-2115, cioè quegli stessi che regolavano la trattazione delle cause procedenti «per viam non cultus» (can. 2133). Nella vigente legislazione, la situazione delle cause degli antichi Beati è rimasta *sostanzialmente* immutata. Su questo argomento v. infra, Appendice II.

6. *La certezza morale richiesta*

Abbondante o appena sufficiente, l'apparato probatorio, *in ogni caso,* deve contenere le prove *dirette* (testimonianze di testi *de visu*) che, nel loro complesso, siano *omnino plenae,* tali da generare nel teologo la *certezza morale* circa il *grado eroico* delle virtù del servo di Dio, tenendo presente quanto sopra esposto da Benedetto XIV.

«Una tale certezza morale oggettivamente fondata non si ha, se vi sono per la realtà del contrario motivi, che un sano, serio e competente giudizio dichiara come, almeno in qualche modo, degni di attenzione, e i quali per conseguenza fanno sì che il contrario debba qualificarsi come non soltanto assolutamente possibile, ma altresì, in qualche maniera, probabile»[34].

Queste parole di Pio XII vanno ben ponderate da ogni teologo chiamato a pronunciarsi sulle virtù o sul martirio di un servo di Dio. Ogni fondata obiezione che mettesse in dubbio l'eroicità delle virtù o il martirio formale del candidato alla canonizzazione, dovrebbe essere adeguatamente risolta perché la causa possa avere esito positivo; altrimenti si andrebbe avanti senza quella certezza morale che deve stare alla base di un giudizio positivo in merito.

È vero che ogni votante si forma la sua certezza, ma è vero anche che non tutti riescono sempre a rendersi conto dei problemi eventualmente non risolti. Se quindi anche un solo Consultore formula delle obiezioni ben fondate, il suo parere non può essere ignorato solo perché gli altri non hanno fatto gli stessi rilievi. Sul piano scientifico non contano i numeri, ma le ragioni! Di conseguenza, anche se la legge prevede che una causa va portata avanti se due terzi dei Consultori hanno dato voto affermativo, questa legge non giustifica l'eventuale trascuranza dei voti sospensivi o negativi, i quali devono avere una risposta adeguata.

7. *Voti dei Teologi*

Nel rispondere al *dubium: An constet de fama sanctitatis eiusque fundamento, scilicet virtutibus teologalibus..., cardinalibus... eisque adnexis, in gradu heroico* (rispett. *de martyrio eiusque causa*), i Consultori, dopo aver ragionato sulla causa, rispondono con un *affirmative,* o *negative,* o *suspensive.*

[34] Discorso di Pio XII alla S.R. Rota, 1 ott. 1942, in AAS 34 (1942), p. 340.

Un voto *affermativo* significa: *ex actis et probatis plene constat de...,* ed è giustificato se è fondato su delle prove oggettive che non lascino dubbio ragionevole. Un *negative,* nelle nostre cause, non significa che il servo di Dio non è un santo o un martire, ma che ciò *non constat.* Di conseguenza, il voto negativo è d'obbligo se manca la *plena probatio* né vi è la possibilità che con ulteriori ricerche e studi vengano superati gli ostacoli, si tratti della insufficienza delle prove oppure delle difficoltà concrete. Se, invece, dallo studio della *Positio* il Consultore intravede l'esercizio eroico delle virtù o il martirio formale del servo di Dio, ma per avere la certezza morale richiede che venga risolto qualche dubbio, il suo voto, coerentemente, sarà *suspensive.*

Il voto, qualunque esso sia, va adeguatamente motivato, perché gli altri possano valutarne le ragioni.

Sul Congresso particolare dei teologi il Promotore della Fede, che lo ha diretto, stende la sua Relazione, nella quale riporta il testo dei singoli voti nonché il resoconto della discussione congressuale, con eventuali chiarimenti dei problemi sollevati. Stampata la *Relatio et vota,* la causa viene sottoposta all'esame dei Cardinali e Vescovi, membri del Dicastero, purché almeno due terzi dei Consultori teologi abbiano dato voto affermativo[35].

VI. Esame della Causa da parte dei Cardinali e Vescovi

L'ultimo esame di una Causa in ordine all'accertamento dell'eroicità delle virtù o del martirio avviene in una CONGREGAZIONE ORDINARIA dei Cardinali e Vescovi, membri della Congregazione delle Cause dei Santi. In precedenza viene nominato dal Prefetto del Dicastero un Ponente della Causa, il quale riferisce sul caso, dopo di che i singoli Membri esprimono il proprio voto.

Il Cardinale Prefetto poi informa il Sommo Pontefice sul risulta-

[35] Da quanto è stato detto sopra in merito alla stesura della *Positio,* ci si può rendere conto che con le disposizioni della nuova normativa si è voluto evitare inutili ripetizioni (ad es. ripetuti cenni biografici del servo di Dio, ecc.). Coerentemente, bisognerebbe evitare che nella *Relatio et vota* ci siano ben nove, per quanto brevi, biografie del servo di Dio. I voti dei Consultori teologi, infatti, dovrebbero restringersi al quesito loro proposto *(dubium),* tralasciando tutto ciò che si può trovare nella *Informatio,* a meno che abbiano delle osservazioni da fare anche sulla *Positio* stessa.

to della Congregazione Ordinaria. Al Papa è riservato l'ultimo giudizio sull'eroicità delle virtù o sul martirio di un servo di Dio.

Questo giudizio viene formulato in un apposito *Decretum super heroicitate virtutum* (*et super cultu,* nel caso che si tratti di un antico Beato, venerato «ab immemorabili tempore»), oppure *super martyrio (et super cultu),* promulgato per ordine del Pontefice.

Capitolo V

ESAME DEI PRESUNTI MIRACOLI

Premessa

Innocenzo IV, nella glossa al cap. *Audivimus* delle *Decretali* di Gregorio IX, per la canonizzazione esige che siano provate la «fides et excellentia vitae» del servo di Dio nonché i miracoli operati per la sua intercessione. Ed è necessario che l'*excellentia vitae* e i miracoli superino le forze della natura. Per poter provare le virtù, l'autore crede sufficiente conoscere la vita del servo di Dio, tuttavia la Chiesa non dovrebbe procedere alla sua canonizzazione senza i miracoli, perché la sua vita segreta potrebbe essere stata meno virtuosa di quanto risulti dalle sole testimonianze[1].

Questa è stata per secoli la dottrina dei teologi e dei canonisti nonché la prassi della Santa Sede. E Benedetto XIV, pur ammettendo la possibilità di arrivare alla conclusione certa sul martirio o sulla santità eroica di un servo di Dio, insiste sulla necessità di miracoli, per avere la conferma divina che la vita di un *non–martire* non sia stata in segreto «laxior» di quanto risulti dalle testimonianze. Per quanto riguarda i *martiri* invece, è possibile che, nonostante le parole dei testi, chi ha sofferto la morte per Cristo abbia commesso interiormente qualche atto di vanagloria o di impazienza, o chi ha causato la morte abbia in realtà agito per un motivo diverso dall'odio

[1] «Et fit regulariter haec canonizatio, quando per probationes constat de fide et excellentia vitae, et miraculis eius, qui petitur canonizari,... Et oportet tantam esse excellentiam vitae, et talia esse miracula, quod sint ultra vires et potentiam naturae... Vitam tamen sine miraculis crederem sufficere quoad virtutem, tamen ecclesia non debet tales canonizare propter hoc: quia in secreto potuerunt laxiorem vitam ducere». INNOCENTIUS IV, *In Quinque libros Decretalium commentaria,* Venezia 1578, f. 188r.

alla Fede: si comprende pertanto il motivo per cui anche per i martiri vengono richiesti i miracoli, nella ferma speranza che Dio non farà miracoli per intercessione di coloro che non abbiano offerto il sacrificio della vita con purezza d'intenzione. Secondo la dottrina di S.Tommaso d'Aquino infatti, Dio fa miracoli per l'utilità degli uomini, o per confermare la verità della dottrina predicata, o per dimostrare la santità di un servo di Dio, operando miracoli o durante la sua vita o dopo la morte[2].

È chiaro che secondo la predetta dottrina i miracoli nelle cause di canonizzazione servono come conferma dall'alto che il giudizio umano sulla santità di vita o sul martirio del servo di Dio non è sbagliato.

Va però rilevato che i miracoli non suppliscono ad un eventuale difetto di prove sull'eroicità delle virtù o sul martirio; pertanto nella plurisecolare prassi della Congregazione i miracoli non venivano mai presi in esame prima che fosse dichiarata l'eroicità delle virtù o il martirio[3]. Già Bernardo da Parma (+ 1266) nella *Glossa ordinaria* aveva affermato che non deve essere venerato come santo chiunque faccia miracoli, ma che prima la Chiesa Romana deve approvarne le virtù, ricorrendo ai legittimi testi *super vita*[4].

Secondo la legislazione del 1917, per la Beatificazione si richiedevano due miracoli (in certi casi tre o quattro, cf. can. 2117), con la possibilità di dispensa nel caso che si trattasse di un martire, il cui martirio fosse *evidente* (can. 2116 § 2). Per la Canonizzazione, poi, erano richiesti due miracoli avvenuti dopo la Beatificazione formale, tre se si trattava dei Beati beatificati *aequipollenter* (can. 2138).

2 «Fieri potest, ut, haud obstantibus dictis testium, mortem sustinentes pro Christo aliquem interiorem actum vanae gloriae, vel impatientiae pepererint, aut ut mortem inferentes odium quidem Christianae Religionis praesetulerint, sed ex alia causa ad inferendam fuerint inducti: in quo rerum statu unusquisque dignoscere potest, non sine ratione miracula requiri, ut exposita pericula excludantur; ea semper recurrente firma spe, Deum non esse miracula patraturum intercessione eorum, qui integrum et purum propriae vitae sacrificium eidem non obtulerint; iuxta illud D. Thomae 2. 2. *quaest.* 178, *art.* 2: *"Operatur enim ea (miracula) Deus ad hominum utilitatem, et hoc dupliciter: uno quidem modo ad veritatis praedicatae confirmationem; alio modo ad demonstrationem sanctitatis alicuius... Secundo autem modo non fiunt miracula nisi a Sanctis ad quorum sanctitatem denuntiandam miracula fiunt vel in vita eorum, vel etiam post mortem"*». BENEDICTUS XIV, lib. I, cap. 30, num. 10, p. 195.

3 Cf. IDEM, lib. IV, pars I, cap. IV, num. 13, p. 50; cap. V, num. 5, p. 54.

4 «Quoniam miracula fiunt quandoque per malos... ideo non debet pro sancto venerari quisquis miracula facit, nisi ab Ecclesia Romana *prius fuerit per testes legitimos approbatus*», e «testes *super vita* et miraculis recipiuntur». *Decretales D. Gregorii Papae IX suae integritati una cum glossis restitutae,* Roma 1582, col. 1395.

Dall'Anno Santo 1975 si è cominciato a dispensare dal secondo miracolo per la Beatificazione, poi anche per la Canonizzazione; così si è arrivati alla prassi attuale che per la Beatificazione richiede un miracolo regolarmente approvato, e per la Canonizzazione un altro miracolo avvenuto dopo la Beatificazione e regolarmente approvato[5].

Alla Beatificazione dei martiri si procede senza la previa approvazione di un miracolo.

In questo capitolo vedremo in che modo vengono studiati gli atti dell'inchiesta diocesana riguardante un presunto miracolo.

I. Esame della validità giuridica degli Atti dell'inchiesta

Prima di preparare il dossier per lo studio di un presunto miracolo, viene verificata l'osservanza delle norme nella relativa inchiesta diocesana e, in caso positivo, viene emesso il solito *Decreto* sulla validità giuridica degli atti. La procedura quindi è identica a quella descritta sopra, Cap. IV, p. 58.

II. Preparazione del dossier da sottoporre ai Periti (medici)

Premettiamo che, salvo rare eccezioni, i presunti miracoli che vengono sottoposti all'esame della Congregazione consistono nelle guarigioni prodigiose attribuite all'intercessione dei servi di Dio di cui si chiede la Beatificazione, o dei Beati, in vista della loro Canonizzazione. Tratteremo quindi solo di questo genere di miracoli.

Nell'inchiesta diocesana[6] vengono raccolte le deposizioni dei testi oculari e la documentazione riguardante il caso. Prima di sottoporre il caso all'esame della Congregazione, conviene che gli Attori

[5] Si potrebbe chiedere se questo miracolo avvenuto dopo la Beatificazione sia necessario precisamente come conferma dall'alto che il giudizio sulla santità del Beato è giusto; questo giudizio, infatti, ha avuto sufficiente conferma dall'alto prima della Beatificazione. — Ai tempi di Innocenzo IV e di S.Tommaso d'Aquino non esisteva la Beatificazione né si poneva la questione di un'altra funzione di miracoli nelle cause di canonizzazione, diversa da quella sopra esposta. Del resto, ancora nella prima metà del secolo XVII, quando la Beatificazione era ormai di regola, accadeva che per la Canonizzazione venissero presi in esame solo i miracoli avvenuti e già esaminati prima della Beatificazione (cf. il caso di S. Filippo Neri). La successiva prassi, che tuttora perdura, di chiedere cioè tanti miracoli per la Beatificazione e tanti per la Canonizzazione, appare infatti alquanto artificiosa.

[6] Vedi sopra, Cap. III, p. 54s.

facciano vedere gli Atti dell'inchiesta diocesana (Copia pubblica) ad un esperto (medico), onde evitare eventuali passi (e spese) inutili. Si ricorda però, che il perito di parte, che per incarico del Postulatore ha esaminato il caso, non può prendere parte alla Consulta medica con il diritto di voto.

Per sottoporre il caso all'esame della Congregazione, occorre anzitutto ordinare gli Atti dell'inchiesta diocesana secondo precisi criteri. Nella Copia pubblica, infatti, la documentazione di solito viene riportata secondo l'ordine di acquisizione, e va pertanto disposta in ordine cronologico.

Il dossier contenente le prove del presunto miracolo sarà quindi ordinato così:

1° Elenco dei testi escussi (precisando se si tratta di un teste «ex officio»);

2° Interrogatori del Promotore di giustizia;

3° Deposizioni dei testi (compresi i Periti «ab inspectione»);

4° Documenti acquisiti nell'inchiesta diocesana (disposti in ordine cronologico);

5° Eventuale altra documentazione (perizie di parte, ecc.).

A queste *Testimonianze e documenti*[7] va premessa la *Fattispecie cronologica,* ossia una breve ricostruzione del caso clinico.

Spetta al Sottosegretario della Congregazione di garantire con il «Revisa» la fedele riproduzione degli atti dell'inchiesta diocesana.

III. Esame del caso da parte dei Periti tecnici (medici)

Presso la Congregazione è stato istituito un Collegio dei Medici periti, tra i quali vengono scelti i periti d'ufficio per i singoli casi di guarigioni ritenute miracolose. In casi particolari la Congregazione può chiedere il parere di altri specialisti che non figurano nell'Albo dei Medici della Congregazione.

L'esame tecnico si svolge nel modo seguente:

1. Il dossier riguardante il caso, viene sottoposto all'esame di

[7] Per analogia con le antiche Posizioni sulle virtù (cf. sopra, Cap. IV nota 5, p. 61), anche in quelle sui miracoli la parte contenente le deposizioni dei testi e i documenti veniva finora intitolata *Summarium;* ma mentre nelle Posizioni sulle virtù si trattava effettivamente di un «sommario» in quanto non tutte le deposizioni raccolte nei processi venivano riportate integralmente, nel caso dei presunti miracoli vengono riportate tutte le deposizioni, con la documentazione, per cui il titolo di *Summarium* non appare aderente alla realtà.

due *Periti d'ufficio,* i quali — sotto il vincolo del giuramento — redigono le proprie perizie sul caso.

Se almeno una perizia risulta favorevole alla extranaturalità della guarigione, le perizie vengono stampate e allegate al suddetto dossier.

Vengono quindi scelti altri (attualmente due) Periti, che insieme con i primi due, autori delle perizie, e il Presidente costituiranno la *Consulta medica,* la quale dovrà discutere collegialmente il caso e pronunciarsi sulla natura della guarigione.

2. Dopo aver studiato il relativo dossier, i Periti si riuniscono nella Consulta, durante la quale ognuno espone la propria valutazione del caso. Segue quindi la discussione collegiale, che può essere breve, quando cioè appare evidente la non spiegabilità naturale della guarigione, ma può anche durare parecchio; in certi casi infatti, solo dopo una approfondita discussione si riesce a formulare le conclusioni definitive.

Alla fine della discussione vengono formulate: la diagnosi, la prognosi, la terapia, le modalità della guarigione e, infine, il giudizio sulla sua spiegabilità o non spiegabilità secondo le conoscenze mediche.

3. Sullo svolgimento della discussione il Segretario della Consulta (un medico) redige il Verbale e, a parte, una *Relazione sulla Consulta* che viene stampata e allegata al dossier, a meno che le conclusioni della Consulta non siano favorevoli alla extranaturalità della guarigione; nel qual caso non si procede *ad ulteriora.*

Se il responso della Consulta non è favorevole, il Postulatore può chiedere il riesame del caso, a condizione che produca nuovi elementi di giudizio.

IV. La questione della certezza morale richiesta per dichiarare extranaturale una guarigione

A questo punto non si può eludere una questione di principio, che chiunque s'interessi di questo argomento prima o poi finisce per porsi: quale certezza cioè offrono le conclusioni di una Consulta medica.

Per circoscrivere il problema, è opportuno tener presente quanto segue:

a) Di per sé, i miracoli non sono assolutamente necessari (cf. sopra, Innocenzo IV), e il Papa potrebbe dispensarne; ma se sono richiesti, la prudenza esige che non venga dichiarato miracolo una guarigione che a giudizio dei tecnici è spiegabile con le forze della natura, anche se nel caso non manchino degli elementi che facciano qualificare la guarigione come «eccezionale» (per i tecnici, il termine «eccezionale» non significa «extranaturale»).

b) Sulla spiegabilità o inspiegabilità naturale di un evento la Congregazione ha sempre chiesto il parere dei tecnici; la relativa procedura però è stata col tempo perfezionata. Così Pio XII, il 20 ottobre 1948, istituì presso la Congregazione dei Riti una «Commissione di medici», cui aggiunse, il 15 dicembre dello stesso anno, uno speciale «Consiglio medico». Papa Giovanni XXIII, il 15 luglio 1959, unificò i due organismi in una «Consulta medica», approvandone il Regolamento. «Essendosi col tempo imposte nuove esigenze, anche in base alla Costituzione Apostolica *Sacra Rituum Congregatio* dell'8 maggio 1969, si è delineata la necessità di una revisione delle norme vigenti». Fu quindi fatto un nuovo «Regolamento per il Collegio dei Medici periti istituito presso la S. Congregazione per le Cause dei Santi», approvato da Papa Paolo VI il 23 aprile 1976. Secondo questo Regolamento la consulta medica era composta di sette membri, e le conclusioni per essere valide «ad effectum de quo agitur», dovevano essere approvate con la maggioranza di due terzi. Nel Regolamento della Congregazione del 21 marzo 1983, art. 26, la Consulta è stata ridotta a cinque membri, e la maggioranza richiesta è stata fissata in tre voti favorevoli. Subito però apparve troppo larga questa disposizione, ma la sua modifica fu rimandata al Regolamento definitivo che sarebbe dovuto uscire dopo tre anni, nel 1986.

Nel frattempo, l'esperienza di molte Consulte ha fatto ulteriormente maturare le idee. Si è constatato che nella stragrande maggioranza dei casi, la Consulta medica, dopo un'approfondita discussione, riesce a pronunciarsi *all'unanimità.* Infatti, su 124 casi, che dal marzo 1983 sono stati riconosciuti non spiegabili secondo le conoscenze mediche, ben 111 sono stati dichiarati tali all'unanimità; in 9 casi è stata raggiunta soltanto la maggioranza di 4 su 5, perché un membro della Consulta: o ha ritenuto il caso eccezionale, ma naturalmente spiegabile, oppure si è astenuto o ha dato voto sospensivo. In 4 casi, infine, si è avuta solo la maggioranza assoluta di 3 su 5. In tredici casi complessivamente, dunque, è mancata l'unanimità, ma se ciò fosse avvenuto anche una sola volta, si pone la questione di principio, se in tal caso si possa avere la certezza morale sulla extranaturalità della guarigione.

c) La certezza morale comporta l'esclusione di ogni dubbio ragionevole. «Una tale certezza morale oggettivamente fondata non si ha — riportiamo le parole di Pio XII già citate nel Cap. IV, p. 77 —

se vi sono per la realtà del contrario motivi, che un sano, serio e competente giudizio dichiara come, almeno in qualche modo, degni di attenzione, e i quali per conseguenza fanno sì che il contrario debba qualificarsi come non soltanto assolutamente possibile, ma altresì, in qualche maniera, probabile».

Ora se un solo esperto (a fortiori se sono in due), dopo aver studiato a fondo il caso e dopo la discussione collegiale, ritiene di non poter pronunciarsi per la non spiegabilità naturale di una guarigione, non si vede come sia possibile non avere dei dubbi in proposito, il che è incompatibile con la certezza morale richiesta.

Occorre infatti tener conto della natura del quesito al quale i periti medici sono chiamati a rispondere, e che nessun tribunale civile o ecclesiastico pone ai propri periti. Si tratta di sapere se secondo le leggi della natura è spiegabile o non è spiegabile la guarigione in esame. Poiché la medicina non è una scienza esatta, né la verità di una tesi dipende dal numero dei suoi sostenitori (sono le ragioni che contano), in questo campo un esperto può avere ragione contro altri quattro; di conseguenza, chi (come i Consultori teologi, e poi i Cardinali), deve emettere un giudizio sul carattere miracoloso di una guarigione, non può avere la certezza morale in merito se i periti tecnici non sono d'accordo sulla inspiegabilità naturale dell'evento. Ragion per cui, a nostro avviso, solo l'unanimità dei membri della Consulta medica esclude, per quanto umanamente possibile, ogni ragionevole dubbio in proposito[8].

[8] Da chi ha l'esperienza del funzionamento del Bureau International Médical di Lourdes, è stato sostenuto che per pronunciarsi sul carattere extranaturale di una guarigione bisogna accontentarsi di una solida maggioranza di pareri favorevoli al miracolo, anche perché tra i periti ci sono di quelli che per pregiudizi filosofici sono portati ad escludere a priori un intervento soprannaturale. L'esperienza della Consulta medica della Congregazione delle Cause dei Santi è ben diversa, non solo perché la statistica dimostra che nella stragrande maggioranza dei casi i membri della Consulta effettivamente finiscono per pronunciarsi all'unanimità, ma anche chi in un caso non si dichiara favorevole al carattere extranaturale della guarigione, non trova difficoltà a riconoscere l'inspiegabilità di altre guarigioni in esame; anzi è accaduto che, chi in un primo tempo, come Perito d'ufficio, aveva dato un parere negativo, dopo la discussione collegiale non ha esitato a riconoscere l'inspiegabilità dell'evento. Più di una volta è accaduto anche il contrario, chi cioè aveva ritenuto non spiegabile naturalmente una guarigione, nella Consulta ha cambiato parere. In questo contesto, dunque, se, dopo la discussione della Consulta medica, anche un solo «serio e competente giudizio» è favorevole alla spiegabilità naturale dell'evento, diventa ben difficile avere quella certezza morale descritta da Pio XII. — Poiché anche un esperto medico può sbagliare nella valutazione di un caso, si potrebbe prevedere che nell'eventualità di *un solo parere negativo,* il caso venga sottoposto all'esame di altri due super–periti, e qualora tutti e due fossero favorevoli alla extranaturalità della guarigione, pensiamo che si potrebbe con sufficiente certezza procedere *ad ulteriora.*

V. Esame del caso da parte dei Consultori teologi

Stampata la *Relazione sulla Consulta medica,* l'intero dossier viene sottoposto all'esame dei Consultori teologi, i quali, dopo aver redatto i rispettivi voti, si riuniscono in CONGRESSO PARTICOLARE per la discussione del caso.

È duplice il ruolo dei teologi in questo campo:

a) accertare il carattere miracoloso della guarigione che i Periti tecnici hanno dichiarato inspiegabile secondo le conoscenze mediche;

b) accertare il nesso causale tra la invocazione del Servo di Dio e il fatto prodigioso, per poter attribuire il miracolo all'intercessione del medesimo.

Mentre per i Periti medici la documentazione clinica è di solito più importante delle testimonianze orali raccolte nell'inchiesta diocesana, per l'esame del caso da parte dei Teologi sono importanti soprattutto le deposizioni dei testi oculari; i Teologi quindi giustamente si soffermano anche sul valore dell'apparato probatorio.

Ad a) Se la Consulta medica è stata unanime circa la non spiegabilità naturale della sanazione, i Teologi, tenendo conto di tutte le circostanze in cui il fatto si è verificato, con certezza morale possono attribuire la guarigione ad un intervento straordinario di Dio.

Con quanta certezza si possa ritenere miracolo una guarigione che, a giudizio di una o due persone competenti, è spiegabile naturalmente, lasciamo ad altri di giudicare, tenendo presente quanto è stato detto nel paragrafo precedente.

Ad b) Dalle circostanze riferite dai testi non è difficile stabilire il nesso tra la invocazione del Servo di Dio e l'evento prodigioso, quando cioè all'invocazione segue la sanazione istantanea o rapida, inspiegabile con le forze della natura.

VI. Esame del caso da parte dei Cardinali e Vescovi

Stampati i voti dei Consultori teologi e allegati alla *Positio super miraculo,* il caso viene discusso in una CONGREGAZIONE ORDINARIA dei Cardinali e Vescovi, secondo la procedura descritta sopra, Cap. IV, p. 78.

Se il Sommo Pontefice approva le conclusioni della Congregazione, ordina la promulgazione del relativo *Decretum super miraculo.*

Capitolo VI

BEATIFICAZIONE DEI SERVI DI DIO E CANONIZZAZIONE DEI BEATI

Con il riconoscimento del miracolo attribuito alla intercessione del servo di Dio è aperta la via alla sua Beatificazione.

Nei documenti legislativi del 1983 (la Cost. Apost. *Divinus perfectionis Magister,* le *Normae* e il *Decretum generale*) non si fa *espressa* menzione della *Beatificazione,* ma nel n. 15 della Costituzione Apostolica viene enunciato il principio generale secondo cui al solo Sommo Pontefice spetta di decidere circa il culto pubblico ecclesiastico da prestare ai servi di Dio le cui virtù eroiche (o il martirio) e i miracoli sono stati approvati: *«uni (Summo Pontifici) competit ius decernendi cultum publicum ecclesiasticum Servis Dei praestandum».*

Il culto pubblico ecclesiastico può essere limitato ad alcuni determinati luoghi, e la *prima concessione* pontificia di tale culto è chiamata *Beatificazione;* essa consiste nella facoltà che il servo di Dio venga chiamato «Beato» e che in suo onore, nel suo *dies natalis,* venga celebrata la messa e l'ufficio.

Se il culto viene prescritto per tutta la Chiesa, si ha la *Canonizzazione*[1].

Al Papa è riservato anche ogni *incremento* o *estensione* di un antico culto, che costituisca un *«casus exceptus»* dai Decreti di Urbano VIII[2]; in altre parole, nessun culto locale di un antico Beato, non

[1] Il culto precettivo che viene introdotto con la Canonizzazione comporta l'obbligo per tutti i fedeli di ritenere Santo il rispettivo servo di Dio, ma non di celebrarne obbligatoriamente la festa in tutta la Chiesa. Per questo ci vuole una apposita disposizione pontificia.

[2] Cf. sopra, p. 31, b).

beatificato o canonizzato dalla Sede Apostolica, può essere incrementato nelle forme o esteso ad altri luoghi senza l'autorizzazione della Santa Sede.

I. Beatificazione

1. La Beatificazione è un istituto giuridico relativamente recente. Fino al secolo XVI, le Canonizzazioni non furono precedute dalla Beatificazione[3]; nello stesso secolo però si afferma la prassi di concedere il culto pubblico, circoscritto ad un determinato luogo, in onore di certi servi di Dio, la cui causa di canonizzazione o non è ancora stata ultimata o non è stata nemmeno istruita. Questa concessione verrà (verso la fine del secolo) chiamata Beatificazione[4].

Nella prima metà del secolo XVII la Beatificazione è la prassi ordinaria, ma a differenza del passato il culto limitato viene di regola concesso soltanto dopo che sono state discusse e approvate le virtù (o il martirio) e i miracoli. Questa concessione però è qualcosa *ad extra* della causa stessa. In seguito, per la Canonizzazione verranno richiesti nuovi miracoli, e la Beatificazione diventerà la tappa obbligatoria prima della Canonizzazione.

2. La Beatificazione essenzialmente non è altro che un indulto di venerazione pubblica di un Servo di Dio, circoscritta a determinati luoghi, e fino a vent'anni fa tale indulto veniva concesso con Lettera Apostolica in forma di breve. Negli ultimi tempi però, questa concessione viene fatta dal Papa nel contesto di una solennità analoga a quella della Canonizzazione, per cui la Beatificazione finisce per apparire come un doppione della Canonizzazione stessa. Per quanto riguarda gli effetti pratici *sul piano del culto,* sta quasi scomparendo la differenza tra i Beati e i Santi. I Santi canonizzati, infatti, se non sono inseriti nel Calendario Romano Generale, pur potendo essere pubblicamente venerati in tutta la Chiesa, di fatto sono venerati soltanto lì

3 Cf. le canonizzazioni di Bernardino da Siena (1450), Vincenzo Ferrer (1456), Caterina da Siena (1461), Bonaventura (1482), Leopoldo d'Austria (1485), Antonino Pierozzi (1523).

4 Sulle origini e lo sviluppo della Beatificazione cf. F. VERAJA, *La Beatificazione. Storia, problemi, prospettive* («Sussidi per lo studio delle Cause dei Santi», 2, ed. S.Congregazione per le Cause dei Santi, Roma 1983), pp. 7-111; per una visione d'insieme v. Conclusione, pp. 99-111.

dove c'è un interesse particolare per il loro culto; e viceversa, i Beati, che di per sé possono essere venerati pubblicamente solo in determinati luoghi, di fatto possono ottenere il culto dovunque c'è l'interesse per una tale concessione (basta chiedere l'autorizzazione della Congregazione per il Culto Divino). In questo contesto, non è da meravigliarsi se si arriva a chiedere che un servo di Dio venga annoverato «tra i Beati della Chiesa Universale», o si crede che la messa in onore di un Beato si possa celebrare dovunque, o ad un Beato viene dedicata una chiesa (s'intende, senza l'autorizzazione della Santa Sede); tutto questo dimostra quanto poco, tra gli stessi ecclesiastici, sia percepita la differenza tra la Beatificazione e la Canonizzazione.

3. Considerando che per secoli esisteva soltanto la Canonizzazione, e che le condizioni richieste per la Canonizzazione — cioè l'accertamento della santità eroica (o del martirio) e dei miracoli — vengono attualmente adempiute prima della Beatificazione, il Sommo Pontefice potrebbe anche modificare l'attuale prassi, abolendo la Beatificazione.

Per il mantenimento della Beatificazione viene invocata una sola ragione: l'utilità pastorale. Sotto questo aspetto, però, la situazione non cambierebbe se, ultimata la causa, si procedesse direttamente alla Canonizzazione[5].

Ma, si dirà, questi Santi interesserebbero solo certe Chiese particolari, e non la Chiesa universale. A questo punto, si potrebbe anche chiedere quanti nuovi Santi — dal momento che oggi non vengono inseriti nel Calendario della Chiesa universale, come accadeva nei secoli scorsi — interessano effettivamente, sul piano del culto, tutta la Chiesa. Abbiamo visto sopra quale è la reale situazione odierna per quanto riguarda la differenza tra il culto dei Beati e quello dei Santi. Né il fatto che dopo la Beatificazione di un servo di Dio è avvenuto un altro miracolo che ha reso possibile la sua Canonizzazione, ha tale peso da determinare l'interesse della Chiesa universale per il culto effettivo del Santo; per questo ci vogliono altre ragioni di carattere ecclesiale generale, nel qual caso è possibile (e probabile)

[5] Certamente tutti gli interessati ad una Causa sarebbero contenti di una tale soluzione, qualora le condizioni per la Canonizzazione rimanessero quelle che oggi sono richieste per la Beatificazione, cioè un solo miracolo. Ma per limitare il numero delle Canonizzazioni (non è detto che tutti i santi devono essere canonizzati), l'unico mezzo efficace consisterebbe nell'esigere due miracoli: con ciò non si richiederebbe più di quanto è oggi richiesto per la Canonizzazione, e quanto fino al 1975 veniva richiesto per la Beatificazione.

che la festa del nuovo Santo venga inserita nel Calendario della Chiesa universale (cf. il caso di s. Massimiliano Kolbe). Per gli altri Santi, quindi, la situazione, quanto al culto, rimane immutata.

Queste riflessioni sulla Beatificazione, ed altre che se ne potrebbero fare o si fanno, attualmente non hanno alcuna conseguenza pratica, in quanto la Beatificazione — fino ad una eventuale diversa disposizione pontificia — resta una tappa obbligatoria prima della Canonizzazione.

Per tutto ciò che riguarda la sua celebrazione, gli Attori della Causa trattano direttamente con la Segreteria di Stato, con l'Ufficio delle Celebrazioni Liturgiche del Sommo Pontefice ed, eventualmente, con la Fabbrica di San Pietro in Vaticano (se la cerimonia ha luogo nella Basilica Vaticana).

II. Concessione di messa e ufficio in onore degli antichi Beati

Qui si tratta dei servi di Dio che sono «ab immemorabili tempore» venerati come Beati o Santi, senza essere stati beatificati o canonizzati dalla Sede Apostolica, ma il cui culto è legittimo ai sensi dei Decreti di Urbano VIII, in quanto tale culto rientra nella categoria dei cosiddetti «casus excepti a decretis Urbani VIII»[6].

Dimostrato il fatto del culto immemorabile («casus exceptus») e l'eroicità delle virtù o il martirio di un tale Beato, il Papa concede la messa e l'ufficio in suo onore, senza la necessità di miracoli. In questo modo il rispettivo Beato viene *equiparato sul piano del culto* agli altri Beati espressamente beatificati dalla Sede Apostolica.

In passato, in questi casi si parlava di «conferma di culto» e di «beatificazione equipollente». Questi termini però non furono mai usati nella legislazione di Urbano VIII, e nella vigente legislazione sono stati accantonati come impropri. Infatti, non è il caso di parlare della «beatificazione» di un servo di Dio che è già da secoli venerato come Santo[7]. Né il termine «conferma di culto» è appropriato, perché confermare un culto significa lasciarlo nello *statu quo;* ora a questo scopo non era mai necessario l'intervento della Santa Sede,

[6] Vedi sopra, p. 31.

[7] È bene ricordare che nei secoli XIII-XV, il culto pubblico di un Servo di Dio comporta il titolo di «santo», mentre «beatus dicitur ille, qui privatis in locis a privatis personis in Sanctorum coetu esse creditur» (Ludovico Carbone; cf. *La Beatificazione* cit., pp. 16s, 97s).

essendo di competenza del Vescovo diocesano accertarsi (in caso di dubbio) della legittimità di un tale culto e conservarlo nelle condizioni in cui era cent'anni prima dei Decreti di Urbano VIII. Nel nostro caso, invece, si tratta dell'incremento del culto già esistente mediante la concessione di messa e ufficio[8].

III. Canonizzazione

La canonizzazione, ossia l'introduzione del culto precettivo di un Beato in tutta la Chiesa, è il traguardo ultimo di ogni causa. Perciò nella vigente legislazione si parla sempre delle cause di canonizzazione (e non di beatificazione e canonizzazione). Attualmente, per la Canonizzazione si esige solo un miracolo ottenuto per intercessione del Beato dopo la sua Beatificazione e regolarmente approvato[9].

IV. Canonizzazione equipollente

Nella sua opera *De Servorum Dei beatificazione et de Beatorum canonizatione,* lib. I, cap. 41, Benedetto XIV ha formulato la dottrina sulla cosiddetta canonizzazione equipollente.

Secondo l'Autore, la canonizzazione equipollente si ha quando il Sommo Pontefice estende precettivamente a tutta la Chiesa il culto di un Servo di Dio (non ancora canonizzato) mediante l'inserzione della sua festa, con messa e ufficio, nel Calendario della Chiesa universale. In questo atto pontificio l'Autore ravvisa gli estremi di una

[8] La complessa materia delle cause degli antichi Beati è stata trattata nell'apposito studio su *La «beatificazione equipollente»,* nel cit. libro *La Beatificazione*, pp. 113-190. Un lettore impreparato (che preventivamente non conosca la problematica del settore) troverà difficile questo studio, ma se lo avrà studiato a fondo vi troverà una guida sicura per orientarsi in materia. Questo studio presuppone quello sulle *Origini e sviluppo della Beatificazione,* in particolare i capitoli IV e VI (ibid., pp. 68-79, 83-89) che trattano della legislazione di Urbano VIII e della sua applicazione. Sarà poi opportuno passare all'Epilogo (pp. 166-174) per uno sguardo d'insieme, riprendendo poi lo studio dall'inizio (p. 115ss). Particolarmente importante è il capitolo dedicato alla Riforma di san Pio X del 1912-13 (pp. 136-150).

[9] Secondo il CIC 1917, per la Canonizzazione dei beatificati «formaliter» erano necessari due miracoli avvenuti dopo la Beatificazione, mentre per gli antichi Beati «aequipollenter» beatificati si sarebbe dovuto esigere tre miracoli (can. 2138). — Nella prassi odierna, in vista della Canonizzazione non si fa distinzione tra le due categorie di Beati, per cui un antico Beato arriva alla Canonizzazione con un solo miracolo, avvenuto dopo la concessione di messa e ufficio. — Vedi però l'Appendice I, nota 13, p. 105.

vera canonizzazione, cioè di una sentenza definitiva del Papa sulla santità del servo di Dio. Questa sentenza, però, non è espressa con la solita formula di canonizzazione, ma mediante un decreto obbligante tutta la Chiesa a venerare quel servo di Dio con il culto riservato ai Santi canonizzati; pertanto questo atto pontificio si chiama *canonizzazione equipollente*[10].

Il futuro farà vedere se una tale Canonizzazione equipollente sia ancora attuale, o non sia da relegare nella storia delle Canonizzazioni.

[10] Per tutto quanto riguarda il concetto di Canonizzazione equipollente e la relativa casistica cf. F. VERAJA, *La Canonizzazione equipollente e la questione dei miracoli nelle cause di canonizzazione,* in «Apollinaris» (Roma) XLVII (1975), pp. 222-245; 475-500 (N.B. la pagina 480 va dopo la pag. 481); XLIX (1976), p. 182-200. Poiché in questo studio si accenna anche alla cosiddetta Beatificazione equipollente, riteniamo doveroso rinviare, per questo argomento, al libro *La Beatificazione* (v. sopra, nota 8), dove alcune cose sono state ulteriormente chiarite e meglio precisate. Tra l'altro, va corretto quanto nel suddetto studio (XLVIII, pp. 481 e 495) è detto a proposito di s. Alberto Magno: non è esatto che egli (prima della Canonizzazione) non era stato beatificato né *formaliter* né *aequipollenter,* ma che si trovava nella categoria dei *«Sancti, vel Beati nuncupati»,* cioè in possesso di un antico legittimo culto. È vero, invece, che il culto di Alberto Magno fu espressamente autorizzato da Innocenzo VIII nel 1484 (cf. *La Beatificazione* cit., p. 28).

Appendice I

PROSECUZIONE DELLE CAUSE INIZIATE SECONDO IL PRECEDENTE DIRITTO

Al momento dell'entrata in vigore della nuova legislazione erano pendenti presso la Congregazione centinaia di cause, per le quali era necessario prevedere un modo di procedere *ad ulteriora.* Perciò dalla Cost. Apost. *Divinus perfectionis Magister,* n. 16, è stato demandato alla Congregazione di stabilire, con un Decreto, la procedura da seguire nella prosecuzione di queste cause, *«servata tamen mente huius novae legis».* In concreto ciò significa che anche in queste cause devono essere rispettate le esigenze della critica storico–agiografica e che, al tempo stesso, va snellita la procedura per quanto possibile.

Nel relativo *Decretum generale* del 7 febbraio 1983, emanato dalla Congregazione, le cause in questione sono state classificate in *quattro categorie,* a seconda dello stadio in cui si trovavano al momento della promulgazione della nuova legge.

1. La prima categoria era costituita dalle cause «recenti», per le quali era già stata stampata la *Positio super virtutibus* o *super martyrio.* In questi casi, non restava che discuterla in sede teologica (Congresso particolare). Qualora però i Consultori teologi avessero ritenuto necessario un ulteriore studio, questo andava fatto sotto la direzione di un Relatore.

2. La seconda categoria comprendeva quelle cause per le quali, al momento dell'entrata in vigore della nuova legge, era in corso la stesura delle *Animadversiones* sulle virtù o sul martirio, o della relativa *Responsio.* Anche per queste cause non era il caso di modificarne la procedura, ma si esigeva che nella *Responsio* si tenesse conto di tutta la documentazione riguardante la causa, onde evitare che in

sede di discussione teologica venissero richiesti ulteriori studi su questo o quell'altro punto.

3. La terza categoria — che nel *Decretum* figura al quarto posto — era costituita dalle cause «storiche», per le quali l'Ufficio storico–agiografico aveva curato la relativa *Positio super virtutibus o super martyrio.* Queste *Positiones* in genere contengono tutti gli elementi di giudizio necessari ai Consultori teologi per il loro voto sull'eroicità delle virtù o sul martirio; in più, esse vengono sottoposte ad un esame previo dei Consultori storici, i cui voti, riportati nella *Relazione sulla Seduta dei Consultori storici,* rassicurano i teologi della completezza della *Positio* «ad effectum de quo agitur». I Consultori teologi quindi, in questi casi non hanno bisogno delle tradizionali *Animadversiones* del Promotore della Fede e della *Responsio* del Patrono[1].

Il *Decretum* tuttavia prevede che la *Positio,* prima di essere trasmessa ai teologi, venga integrata, qualora il Relatore generale lo ritenesse necessario.

4. Tutte le altre cause «recenti» (non incluse nelle prime due categorie) costituiscono la quarta categoria (nel *Decretum* figura al terzo posto). Esse vanno riprese al punto in cui si trovano, e vanno portate avanti nel rispetto della *mente* della nuova legge.

Queste cause sono centinaia, alcune iniziate prima del CIC 1917, molte altre istruite secondo il Codice, altre ancora secondo il M.p. *Sanctitas clarior.* Nella Congregazione, poi, alcune sono rimaste ai primi passi (esame degli scritti, o anche *Positio super introductione causae,* non discussa); altre sono state introdotte ed è stato autorizzato il Processo apostolico, eventualmente portato a termine; in quelle più avanzate, infine, era già pronto il *Summarium* sulle virtù e l'*Informatio* del Patrono.

Ovviamente, in queste ultime, più avanzate, nelle quali mancano soltanto le *Animadversiones* del Promotore della Fede e la relativa *Responsio* del patrono, il Relatore al quale la causa è stata affidata, presa visione del materiale probatorio, deve richiedere uno studio supplementare, in quanto necessario, per avere una *Positio* completa «ad effectum de quo agitur».

[1] E difatti, subito dopo la promulgazione della vigente legislazione furono messe in discussione teologica due Posizioni «storiche» — quelle di Pietro Friedhofen e di Nicolò Stenone (v. sopra, p. 65 e 66 nota 11) –, senza alcun intervento previo dell'Avvocato o del Promotore della Fede; così i Consultori non dovettero attendere per poter verificare la validità di questa nuova procedura.

Per le altre cause meno avanzate, due sono le esigenze fondamentali da rispettare: 1° bisogna anzitutto provvedere alla raccolta di tutta la documentazione riguardante la causa. Nelle cause «recenti» istruite secondo le precedenti legislazioni, infatti, la documentazione compulsata è spesso lacunosa, talvolta addirittura manca del tutto; ciò vale soprattutto per quelle cause che dispongono soltanto del Processo informativo, istruito prima o dopo la promulgazione del CIC del 1917. In questi casi gli Attori devono rivolgersi al Vescovo competente perché proceda secondo le *Normae,* numm. 14*a-c,* 21*b;* 2° soltanto dopo che il materiale raccolto è stato trasmesso alla Congregazione, e dopo la verifica dell'osservanza della legge nell'istruttoria, sarà preparata «methodo critica», sotto la direzione di un Relatore, la *Positio* sulle virtù o sul martirio.

Per quanto riguarda l'*aspetto formale* (struttura) della *Positio,* sarà il Relatore a decidere caso per caso, tenendo conto del materiale stampato e di quello successivamente raccolto. In questi casi la *Positio* spesso non può essere un'opera unitaria ed organica, essendo composta di vari pezzi giustapposti. A questo inconveniente si può rimediare in parte con una buona *Informatio* o con una biografia critica, garantita dal Relatore. Crediamo superfluo scendere qui ad ulteriori dettagli, poiché ogni causa ha i suoi problemi.

Per quanto riguarda il *giudizio sul merito della causa* (Congresso particolare, Congregazione dei Cardinali e Vescovi), queste cause vanno distinte in due categorie:

a) quelle che sono state introdotte secondo il CIC (e quindi è stata riconosciuta l'esistenza della fama di santità del servo di Dio);

b) le altre nelle quali la *fama sanctitatis* non è stata oggetto di un esame da parte dei Teologi; i quali pertanto devono pronunciarsi anche sulla fama[2].

* * *

L'antica legislazione per le cause dei santi era molto più complicata, pertanto capita — e in futuro capiterà ancora di più — che chi non ne conosce i particolari, si trovi smarrito quando vuole servirsi del materiale di una causa (processi, posizioni, decreti), non riuscendo a situarlo nel contesto del procedimento giuridico. Nel Capitolo I

[2] Questa differenza tra le due classi delle cause suddette dovrebbe apparire sul frontespizio del dossier, che nel primo caso va intitolato *Positio super virtutibus,* e nel secondo caso *Positio super virtutibus et fama sanctitatis.*

abbiamo brevemente descritto la procedura del CIC del 1917 e le successive modifiche. Per un più facile orientamento in materia potranno servire i seguenti prospetti delle antiche procedure e le Precisazioni aggiunte.

I. ITER DELLE CAUSE SECONDO IL "CODEX IURIS CANONICI" DEL 1917

A) Cause procedenti «per viam non cultus» (Titulus XXIV)

I. — IN DIOCESI (auctoritate ordinaria):
Raccolta degli scritti del Servo di Dio.
Processo Informativo Ordinario sulla fama di santità (o del martirio).
Processo sul non culto.
– NELLA CONGREGAZIONE:
Esame degli scritti del S. di D. — * *Decretum super scriptis.*
Preparazione della *Positio super introductione causae,* e precisamente:
Summarium del Processo Informativo (a cura del Patrono della causa).
Informatio del Patrono.
Animadversiones del Promotore Generale della Fede.
Responsio ad Animadversiones del Patrono.
Discussione in una Congregazione Ordinaria, Approvazione pontificia.
* *Decretum introductionis causae.*
Esame del Processo sul non culto. * *Decretum de non cultu.*
Lettera remissoriale al Vescovo per l'istruzione del Processo Apostolico.

II. — IN DIOCESI (auctoritate apostolica):
Processo Apostolico sulla fama di santità in genere (salvo dispensa, cf. sopra, Cap. II, p. 30, nota 21).
Processo Apostolico sulle virtù *in specie* (o sul martirio).
– NELLA CONGREGAZIONE:
Esame della validità dei Processi. * *Decretum de validitate processuum.*
Preparazione della *Positio super virtutibus,* e precisamente:
Summarium dei Processi (a cura del Patrono).
Informatio del Patrono.
Animadversiones del Promotore Generale della Fede.
Responsio ad Animadversiones del Patrono.
Discussione in Congregazione Antepreparatoria.
Si prepara la *Nova positio super virtutibus.*
Discussione in Congregazione Preparatoria.

Si prepara la *Novissima positio super virtutibus.*
Discussione in Congregazione Generale *coram Pontifice.*
* *Decretum super heroicitate virtutum (vel martyrio).*

B) Cause procedenti «per viam cultus seu casus excepti» (Titulus XXV)

I. — IN DIOCESI (auctoritate ordinaria):
Raccolta degli scritti del Servo di Dio.
Processo sulla fama di santità (o del martirio) e di miracoli (c. 2127).
– NELLA CONGREGAZIONE:
Discussione in Congregazione Ordinaria (c. 2128).
* *Decretum introductionis causae.*
Lettera remissoriale per l'istruzione del Processo Apostolico «super casu excepto» (c. 2129).

II. — IN DIOCESI (auctoritate apostolica);
Processo Apostolico sull'inizio del culto e la ininterrotta continuazione; con la sentenza del Giudice delegato (c. 2130).
– NELLA CONGREGAZIONE:
Preparazione della *Positio super casu excepto* (con *Animadversiones* e *Responsio*) (c. 2131).
Discussione in Congregazione Ordinaria. Conferma della sentenza del Giudice delegato. Approvazione pontificia, che «eam solam vim habet, ut probet factum immemorabilis cultus Servo Dei praestiti et usque ad sententiam perseverantis» (c. 2132).
Lettera remissoriale per l'istruzione del Processo Apostolico sulle virtù o sul martirio (c. 2133).

III. — IN DIOCESI (auctoritate apostolica):
Processo Apostolico sulle virtù o sul martirio, come nelle cause procedenti «per viam non cultus» (c. 2133, con rinvio ai cc. 2087-2115).
– NELLA CONGREGAZIONE:
Preparazione della *Positio super virtutibus.*
Discussioni (come nelle cause procedenti «per viam non cultus»).
* *Decretum de facto cultus immemorabilis et de heroicitate virtutum vel de martyrio* (c. 2134).

II. ISTRUZIONE DELLE CAUSE "STORICHE" SECONDO LE "NORMAE" DEL 1939

Con il Motu proprio *Già da qualche tempo* del 6 febbraio 1930, istituendo la Sezione Storica presso la Congregazione dei Riti, Pio XI introduceva anche il concetto di «cause storiche», per le quali poi con le *Normae* del 4 gennaio 1939 veniva stabilita una *nuova procedura nella fase istruttoria.*

Le cause in questione erano quelle che non disponevano di «deposizioni di testimoni contemporanei ai fatti in causa» né di «documenti certi di tali deposizioni debitamente raccolte in tempo opportuno»; in concreto, si trattava tanto di cause *antiche* dei servi di Dio che non fossero oggetto di culto quanto di quelle degli antichi Beati il cui culto rientrasse nella categoria di «casus excepti». Secondo le *Normae,* tutte le prove sulla vita, le virtù, la fama di santità e l'eventuale culto, anziché in più processi previsti dal CIC, andavano raccolte in un unico processo *ordinario.*

Le modifiche della procedura nella fase istruttoria di queste cause ebbero delle conseguenze pratiche nella *fase di studio* presso la Sezione Storica: dal momento che questa disponeva di tutto il materiale probatorio, era anche in grado di curare una *Positio* completa che da sola potesse costituire una base solida per il giudizio di merito. Quindi un processo, una *Positio.*

A questo punto, sarebbe stato coerente rivedere anche i canoni relativi alla *successiva trattazione* di queste cause nella Congregazione, perché la procedura prevista dal CIC era stata stabilita in un altro contesto storico, quando la Congregazione non disponeva fin dall'inizio delle discussioni di un lavoro completo analogo ad una *Positio* storica, ma la piena verità sul personaggio veniva acquisita solo progressivamente. Non ci fu invece una tale revisione, per cui nella Sezione Giuridica (del Promotore della Fede) della Congregazione si continuò a trattare le cause «storiche» come le altre, moltiplicando gli atti (scritture giuridiche e discussioni) senza necessità[3].

[3] Così nella causa del Servo di Dio Pio Bruno Lanteri, pubblicata la *Positio super introductione causae et super virtutibus ex officio concinnata* (1945) della Sezione Storica, si procedette all'introduzione della causa, e poi ebbero luogo le tre discussioni sulle virtù, rispettivamente nelle congregazioni *antepreparatoria* (1959), *preparatoria* e *generale* (1965), con tanto di nuove *positiones* previste dai canoni. — Tuttavia, nella causa dell'antico beato Ermanno Giuseppe O. Praem., il Papa nel 1958 dispensò dalla *triplice* discussione sulle virtù; se ne discusse in una congregazione ordinaria, seguì poi il decreto sul culto immemorabile e l'eroicità delle virtù, a norma del can. 2134 (cf. *La Beatificazione* cit., p. 157).

III. ITER DELLE CAUSE SECONDO IL M.P. "SANCTITAS CLARIOR" E LA COST. APOST. "SACRA RITUUM CONGREGATIO" DEL 1969

Con il Motu proprio *Sanctitas clarior* del 19 marzo 1969 sono stati unificati i processi Ordinario e Apostolico, e precisamente nelle cause per le quali nel 1969 era ancora in vigore la legislazione del CIC, ossia nelle cause «non storiche». Ciò risulta chiaramente sia dalla storia di questo documento legislativo che dal contesto, mentre nel testo, per indicare l'oggetto del documento si è ricorso alla vecchia categoria: *«in causis procedentibus per viam non cultus»,* senza accorgersi che la divisione delle cause in «procedenti per viam non cultus» e «procedenti per viam cultus seu casus excepti» era stata superata in seguito alle *Normae* del 4 gennaio 1939. Le cause ormai si distinguevano in «storiche» e non storiche, e il *fundamentum divisionis* era la natura delle *probationes,* dalle quali dipendeva il procedimento da seguire nell'istruzione di una causa. Infatti, a seconda che le prove richieste si trovassero nelle fonti scritte o si dovessero ricavare dalle deposizioni orali, le cause andavano istruite secondo le *Normae* del 1939 o secondo i canoni del Titulus XXIV, i quali ovviamente erano ancora in vigore solo per le cause non storiche, e non per tutte le cause dei servi di Dio che non erano oggetto di culto *(non cultus).* In questo nuovo contesto, i procedimenti nelle cause non erano più determinati — e quindi qualificabili — dal «non culto» o «culto»; e la nuova divisione delle cause non coincideva *in re* con quella del CIC[4].

Secondo il M.p. *Sanctitas clarior,* nella *fase istruttoria* bisognava procedere in quest'ordine:

1° L'Ordinario del luogo chiedeva il «nihil obstat» per introdurre la causa.

2° La Congregazione, dopo aver studiato la documentazione allegata alla domanda dell'Ordinario, concedeva il «nihil obstat».

3° L'Ordinario del luogo «auctoritate ordinaria et delegata ab Apostolica Sede» istruiva il *Processo cognizionale* sulla vita, virtù o martirio, nonché sul non culto, raccogliendo al tempo stesso gli scritti del Servo di Dio.

[4] Cf. F. VERAJA, *Il Motu proprio «Sanctitas clarior» e le cause «storiche» dei santi,* in «Monitor ecclesiasticus» CIV (1979), pp. 315-337 (in particolare p. 325ss).

4° La Congregazione, esaminati gli Atti, all'occorrenza li avrebbe completati.

5° Preparata la *Positio super virtutibus (vel martyrio),* la causa andava discussa in sede teologica.

Con la Costituzione Apostolica *Sacra Rituum Congregatio* dell'8 maggio 1969 veniva riveduta anche la procedura delle cause nella *fase di giudizio.* Da allora, le discussioni *de merito causae* si dovevano svolgere in un Congresso particolare dei Prelati della Congregazione e Consultori teologi, e poi in una Congregazione Plenaria dei Cardinali. La procedura attualmente vigente è quasi la stessa; c'è stata soltanto qualche modifica per quanto riguarda i partecipanti al Congresso particolare, e i Cardinali e Vescovi membri del Dicastero sono divisi in due gruppi, che a turno, riuniti in Congregazione Ordinaria, discutono delle cause.

IV. PRECISAZIONI SULLA LEGISLAZIONE DEL CIC E LE SUCCESSIVE RIFORME

1. A proposito del duplice procedimento previsto dal CIC nelle cause di canonizzazione — *via non cultus* e *via cultus seu casus excepti* — bisogna ricordare che Urbano VIII, al quale spesso si fa risalire la suddetta distinzione, in realtà conosceva un solo procedimento nelle cause.

Con i suoi Decreti *de non cultu* aveva proibito la pubblica venerazione di coloro che non fossero stati beatificati o canonizzati dalla Sede Apostolica, *eccettuando* però da questa proibizione quei Servi di Dio che da oltre cent'anni erano oggetto di culto pubblico ecclesiastico (*casus excepti a decretis Urbani VIII*).

Aveva inoltre stabilito che nessuna causa di canonizzazione potesse essere iniziata o proseguita se prima non fosse stata dimostrata, per via giudiziale, l'osservanza degli stessi decreti. Il «processo particolare» che a tal fine doveva essere istruito, aveva per scopo di accertare o l'assenza di culto pubblico (*non cultus*) o la legittimità di un eventuale culto antico (*casus exceptus*). L'accertamento della legittimità di un antico culto non dava però alcun diritto all'incremento del culto stesso, in particolare non alla messa e ufficio[5].

[5] Cf. il decreto del 20 novembre 1928, in *La Beatificazione* cit., p. 119.

Secondo la legislazione di Urbano VIII, dunque, per tutte le cause: 1° doveva essere istruito il processo informativo *super fama* e *introdotta la causa;* 2° veniva esaminato il processo particolare sull'osservanza dei Decreti *de non cultu;* 3° si autorizzavano quindi i processi apostolici sulle virtù *in specie* o sul martirio nonché sui miracoli.

2. Più tardi, certo non in virtù della legislazione urbaniana, le cause degli antichi Beati (*casus excepti*) ebbero un trattamento privilegiato, nel senso che dopo l'accertamento del *casus exceptus* veniva incrementato il rispettivo culto mediante la concessione di messa e ufficio, prima che fosse formalmente discussa e approvata l'eroicità delle virtù o il martirio[6].

Dopo Benedetto XIV, si ebbe un rilassamento della disciplina in questo settore, cosicché all'inizio dell'Ottocento non si faceva alcun processo in queste cause, né il ripristino (nel 1868) del processo «sull'inizio del culto e la sua continuazione» riportò le cose alla serietà iniziale. San Pio X, pertanto, volle mettere fine alla prassi vigente, promulgando la nuova normativa che poi venne recepita nel CIC del 1917[7].

Secondo questa legge, la causa di un antico Beato (*casus exceptus*) andava trattata in tre tappe: 1° *super fama,* 2° *super cultu immemorabili,* 3° *super virtutibus vel martyrio.*

Per quanto riguarda le prime due tappe, si è trattato del ripristino della legislazione di Urbano VIII; la particolarità della riforma di Pio X, invece, stava nella esigenza della dimostrazione dell'eroicità delle virtù o del martirio *prima della concessione della messa* in onore del Beato (cf. cann. 2133-2135). Va però rilevato che questa esigenza era nuova soltanto rispetto alla precedente prassi, non rispetto alla mente originaria della legislazione urbaniana[8].

6 Nella prima metà del secolo XVIII, tuttavia, dipendeva «ab arbitrio et prudentia Sacrae Congregationis» raccomandare al Papa la concessione di tale indulto, purché lo suggerissero certe circostanze particolari, e precisamente: se la messa in onore del Beato era stata celebrata prima dei Decreti di Urbano VIII, ma non per oltre cento anni, oppure la celebrazione era stata interrotta in seguito alla riforma del Messale e del Breviario al tempo di Pio V, o in seguito agli stessi Decreti urbaniani; così pure nei casi in cui dai processi risultavano le virtù e i miracoli in modo tale da giustificare la concessione dell'indulto (prima della formale approvazione delle virtù); infine tale concessione poteva essere suggerita dalla qualità del culto anche se non comportava la celebrazione della messa, oppure dai meriti particolari del Servo di Dio in quanto fondatore di un Ordine religioso, ecc. Su questo cf. ibid., pp. 168-169.

7 Per tutta questa materia cf. ibid., pp. 115-160.

8 Per una visione d'insieme cf. ibid., pp. 166-173.

3. Quando la normativa del CIC entrò in vigore, presso la Congregazione dei Riti erano pendenti varie cause degli antichi Beati istruite secondo il precedente diritto. Gli attori quindi insistevano perché esse venissero trattate secondo la prassi anteriore, ossia che dopo la dichiarazione del *casus exceptus* venisse concessa la messa in onore del Beato, dispensando dai cann. 2133-2134 che, a tale effetto, esigevano il previo accertamento dell'eroicità delle virtù o del martirio. E difatti, negli anni Venti furono concesse varie dispense dai canoni.

In questi casi, dell'eroicità delle virtù o del martirio si deve discutere in ordine ad una eventuale canonizzazione del Beato, come lo esigeva l'antico diritto (anteriore alla riforma di Pio X).

4. La suddetta *procedura* prevista dal CIC per le cause degli antichi Beati (*casus excepti*) non rimase a lungo in vigore, perché il 4 gennaio 1939 furono promulgate le *Normae* per l'istruzione delle cause «storiche»; e poiché quelle degli antichi Beati sono di loro natura «storiche», esse in seguito dovevano essere istruite secondo le predette *Normae.* Così, *tutte* le prove sulla vita, le virtù, la fama di santità e il culto antico, anziché nei suddetti tre processi previsti dal CIC, dovevano essere raccolte nell'unico processo *ordinario.*

Per le cause che già disponevano di un processo sul culto immemorabile, fu la Sezione Storica a curare un supplemento d'indagini, onde disporre di tutto il materiale necessario per una *positio* completa sulla santità della vita e sul culto[9]. Se tuttavia le prime *Positiones* curate dalla Sezione Storica sono state intitolate (in modo riduttivo) *super casu excepto,* ciò è dovuto ad una inavvertenza, che non si è ripetuta dopo il 1970[10]. Comunque, ciò che conta è che le Posizioni della Sezione Storica erano preparate per la discussione non solo sul culto immemorabile ma anche sull'eroicità delle virtù[11].

Seguirono i relativi decreti *de facto cultus immemorabilis et de heroicitate virtutum,* a norma del can. 2134[12].

[9] Così fu fatto nel caso della beata Adelaide O.S.B., cf. ibid., p. 157s.

[10] Per la causa di Dorotea di Montau la *Positio,* pubblicata nel 1971, è stata intitolata *super cultu et virtutibus,*

[11] Dalla *Positio* di Bertoldo di Garsten, però, non risulta provata l'eroicità delle virtù; cf. ibid., pp. 158-160. Vedi anche *infra,* p. 117 nota 26.

[12] Vedi i decreti per i beati *Ermanno Giuseppe* e *Adelaide,* ibid., pp. 157 e 158. In modo analogo dovevano essere formulati anche i decreti per *Dorotea di Montau* e *Margherita Ebner,* in essi invece l'*eroicità* delle virtù, sebbene — a giudizio dello stesso Promotore

5. Per quanto riguarda la legislazione vigente, è da notare che le *Normae* del 1939 sono state sostanzialmente assorbite nelle nuove *Normae* del 7 febbraio 1983, le quali valgono *per tutte le cause.* Così ora c'è *un solo procedimento* nelle cause di canonizzazione, solo che in quelle degli antichi Beati, oltre alle prove sulla vita, le virtù e la fama di santità, bisogna raccogliere *anche* quelle sul culto immemorabile (cf. Cost. Apost. *DPM,* num. 1).

Per il resto, la Congregazione cura la preparazione di una sola *Positio* sulla santità della vita e (se è il caso) sul culto.

Se poi in sede teologica viene approvata l'eroicità delle virtù (o il martirio) e (se è il caso) accertato il *casus exceptus,* viene emesso il relativo decreto.

Nelle cause degli antichi Beati, dopo il decreto (unico) sull'eroicità delle virtù (o il martirio) e sul culto immemorabile, in onore del rispettivo Beato si può concedere la messa, di modo che *sul piano del culto* egli sia *equiparato* agli altri Beati espressamente beatificati dalla Sede Apostolica, senza che per questo sia previamente richiesta l'approvazione di un miracolo (*e qui sta l'unica differenza tra le cause degli antichi Beati e le altre*)[13].

della Fede — sia provata, non viene espressamente menzionata; ciò è probabilmente dovuto al fatto che questi due decreti, posteriori a quello di Bertoldo di Garsten, sono stati ricalcati su quest'ultimo; cf. ibid., p. 162.

[13] Si potrebbe chiedere se non sia il caso di esigere anche nelle cause degli antichi Beati un miracolo prima della concessione della messa. Non mancano serie ragioni per una tale soluzione, *a fortiori* oggi che in ordine alla Canonizzazione non si fa distinzione tra queste cause e le altre, con la conseguenza che un antico Beato può arrivare alla Canonizzazione previa approvazione di un solo miracolo, mentre nelle altre cause ce ne vogliono due (uno prima della Beatificazione, l'altro in vista della Canonizzazione). Così le cause degli antichi Beati sono oggi più privilegiate di quanto lo fossero in passato (cf. sopra, p. 93, nota 9). Per una adeguata visione delle cose bisogna tener presente che Urbano VIII, eccettuando dalla proibizione dei suoi decreti *de non cultu* quei servi di Dio che, pur non essendo stati beatificati o canonizzati dalla Santa Sede, erano pubblicamente venerati da oltre cent'anni, non aveva inteso altro che lasciare tale culto nello *statu quo,* senza con ciò privilegiare le rispettive cause. D'altra parte, se i servi di Dio più recenti, morti in concetto di santità, non ebbero un culto pubblico (prima della Beatificazione), lo si deve appunto agli stessi Decreti di Urbano VIII, senza i quali i culti locali sarebbero continuati a sorgere come nel medioevo. La differenza tra gli antichi Beati e quelli più recenti si riduce in fondo alla cronologia; e allora si può giustamente chiedere se tale differenza «cronologica» sia una ragione sufficiente perché alle cause degli antichi Beati sia riservato un trattamento privilegiato. Se poi si considera la circostanza che in queste cause — *supposto che sia possibile dimostrare l'eroicità delle virtù* — le relative prove sono di solito meno ricche di quelle delle cause più recenti, appare ancor più equo richiedere un miracolo perché tale Beato venga equiparato agli altri beatificati dalla Sede Apostolica. In questa ipotesi, sarebbe pur sempre necessario dimostrare l'osservanza dei Decreti di Urbano VIII, cioè provare la legittimità del culto antico (*casus exceptus*), come in altri casi bisogna accertare il «non culto».

Appendice II

ACCERTAMENTO DELL'EROICITÀ DELLE VIRTÙ NELLE CAUSE DI CANONIZZAZIONE DEGLI ANTICHI "BEATI"[1]

1. Il fine specifico di una causa di canonizzazione è il raggiungimento della verità circa la *santità della vita* o il *martirio* di un servo di Dio. Qualora questo obiettivo non venga raggiunto, la causa non può avere l'esito desiderato, giacché le eventuali considerazioni estrinseche al merito della causa da sole non possono mai giustificare una canonizzazione. Mancando dunque le prove richieste per un giudizio positivo sull'eroicità delle virtù o sul martirio, la causa viene accantonata. Si tratta, del resto, delle cause che «non sunt necessario definiendae»[2].

La procedura canonica è soltanto uno strumento che serve al suddetto fine, così come allo stesso scopo servono i «segni divini» (miracoli), accertati anch'essi con un procedimento giuridico. La procedura può variare, e nel corso dei secoli ha di fatto subìto vari aggiornamenti, sempre allo scopo di *garantire meglio* il raggiungimento del fine specifico delle cause di canonizzazione. Non agirebbe, pertanto, secondo gli intenti perfettivi dei vari aggiornamenti della procedura chi, ignorandoli, volesse affrontare oggi una causa con metodo e procedure da tempo superati.

[1] Alle cause degli antichi Beati si fa riferimento in varie parti del presente manuale (v. pp. 31, 68, 76 con nota 33, 103s), ed anche senza questa Appendice il manuale sarebbe completo quanto all'essenziale. Tuttavia uno studio organico sull'accertamento dell'eroicità delle virtù precisamente nelle cause degli antichi Beati ha una sua ragion d'essere, trattandosi di un argomento che soltanto in una chiara visione storica della relativa prassi della Congregazione può essere correttamente inteso.

[2] BENEDICTUS XIV, *De Servorum Dei beatificatione et de Beatorum canonizatione,* lib. III, cap. 3, num. 5, ed. Prato 1840, p. 17.

Queste cose sembrano ovvie, eppure talvolta non sono sufficientemente tenute presenti dagli attori di certe cause, specialmente di quelle degli antichi «Beati» che si vorrebbe veder canonizzati.

2. Per antichi Beati intendiamo quei servi di Dio che erano oggetto di culto pubblico ecclesiastico prima dei Decreti di Urbano VIII *de non culto* (1625/34) e che lo stesso Pontefice non volle includere nella proibizione, espressa nei Decreti, di venerare pubblicamente coloro che non fossero stati canonizzati o beatificati dalla Sede Apostolica. Il loro culto, quindi, anche se non autorizzato dalla Santa Sede, poteva e doveva rimanere nello *statu quo,* qualora si fossero verificate certe condizioni previste nei Decreti; in tal caso, il culto in questione andava considerato un *«casus exceptus a decretis Urbani VIII»* [3].

Ma in ordine alla *canonizzazione* di questi antichi Beati occorreva, come in tutte le altre cause, *dimostrare* la santità della vita o il martirio e, naturalmente, averne la conferma dall'alto mediante i miracoli. La Santa Sede, però, non procedeva all'esame delle virtù (o del martirio) e dei miracoli se prima non constava di una autentica *fama* di santità e di miracoli, accertata mediante il processo ordinario informativo. L'accertamento della fama di santità, delle virtù eroiche (o del martirio) e dei miracoli era ugualmente richiesto in tutte le cause, comprese quelle degli antichi Beati.

In merito a questa prassi della Santa Sede, Benedetto XIV scrive: «quemadmodum in superioribus pluries dictum est causas Beatificationis et Canonizationis alias esse Martyrum alias Confessorum, nonnullas procedere *per viam ordinariam non cultus*, alias *per viam extraordinariam casus excepti* a decretis Urbani VIII; *in omnibus quaeri de fama virtutum et miraculorum,* et etiam postquam introductae sunt, cum instituitur judicium *de fama in genere; in omnibus denique quaeri* de martyrio, aut de virtutibus *in specie* et de miraculis *in specie...»* [4].

3. Per garantire l'osservanza dei Decreti *de non cultu* del 1625/34, Urbano VIII aveva prescritto che nessuna causa di canoniz-

[3] Per tutto quanto riguarda i Decreti di Urbano VIII e la loro applicazione nonché il «casus exceptus» cf. F. VERAJA, *La Beatificazione. Storia, problemi, prospettive,* Roma 1983 (Ed. Congregazione per le Cause dei Santi: «Sussidi per lo studio delle cause dei santi», 2); v. in particolare le pp. 69-79, 83-89, 114-190. — In questo studio trattiamo non del «casus exceptus» in quanto tale, ma delle cause di canonizzazione di questi antichi Beati, il cui culto immemorabile rientra nella categoria dei «casus excepti a decretis Urbani VIII».

[4] BENEDICTUS XIV, lib. III, cap. 3, num. 1, p. 15. Il corsivo è nostro.

zazione fosse iniziata (o continuata) se prima non si fosse accertata, mediante un «processo particolare», l'osservanza dei predetti decreti. In concreto, bisognava dimostrare che il candidato alla canonizzazione non era oggetto di culto pubblico ecclesiastico non autorizzato dalla Santa Sede, o che il culto esistente — nel caso degli antichi Beati — rientrava nella categoria dei «casus excepti a decretis Urbani VIII». Il riconoscimento pontificio della legittimità di un antico culto, vale a dire che nel caso si trattava effettivamente di un «casus exceptus», nella mente di Urbano VIII altro non era che un semplice «procedatur ad ulteriora», che non comportava alcun incremento dell'antico culto.

Soltanto a partire dagli anni Settanta del secolo XVII, si cominciò a concedere messa e ufficio in onore di quei Beati, il cui culto era previamente riconosciuto come «casus exceptus a decretis Urbani VIII». Ottenuto questo incremento del culto per i loro Beati, molti Attori non si curarono più del proseguimento delle rispettive cause in ordine alla canonizzazione. Ma se una di queste veniva proseguita, la Santa Sede faceva sempre istruire i processi apostolici *super virtutibus in specie* o *super martyrio eiusque causa,* nonché sui miracoli.

Su tale procedura, Benedetto XIV scrive: «Approbato casu excepto a decretis Urbani VIII, ut ab hac Beatificatione aequipollenti[5] ... transitus fiat ad formalem Canonizationem ,... proponendum est dubium in causis Confessorum: *an constet de virtutibus theologalibus et cardinalibus;* in causis autem Martyrum: *an constet de martyrio, et causa martyrii...*»[6].

E altrove: «Iuxta Sedis apostolicae praxim alibi relatam post declarationem casus excepti agendum est de virtutibus aut de martyrio *in specie*»[7].

Anche nel libro III, cap. 8, num. 13, p. 69, dove tratta delle prove «storiche» nelle cause procedenti *per viam casus excepti* (e nelle cause *antiche* procedenti *per viam non cultus*), Benedetto XIV di nuovo parla della discussione del «dubium de virtutibus aut martyrio *in specie*».

In ordine alla canonizzazione di un antico Beato, la Santa Sede,

[5] Il riconoscimento pontificio della legittimità di un antico culto, da Prospero Lambertini (Benedetto XIV) è stato chiamato «beatificazione equipollente»; si vedano però i nostri rilievi critici in proposito, nell'*op. cit.* (v. nota 3), pp. 122-128.

[6] BENEDICTUS XIV, lib. I, cap. 32, num. 1, p. 198.

[7] IDEM, lib. III, cap. 3, num. 7, p. 19.

dunque, non si accontentava delle prove *de fama* sanctitatis, virtutum et miraculorum *in genere,* raccolte nel processo informativo, ma esigeva la discussione de *virtutibus in specie,* il cui esito positivo non era affatto garantito in virtù delle precedenti concessioni (cioè della *declaratio casus excepti* e della concessione di messa e ufficio)[8].

Lo stesso Benedetto XIV ne dà la seguente spiegazione: «haec utique duo possunt stare simul, constare videlicet *de fama virtutum,* aut de martyrio pro cultu permisso, et non constare *de virtutibus in individuo,* aut de martyrio pro cultu praeceptivo», cioè per la canonizzazione[9].

4. L'esigenza di conoscere le virtù *in individuo* o *in specie* è determinata dalla necessità di provare *pienamente* l'esercizio *eroico* delle virtù da parte del servo di Dio, il che non è possibile se non si conoscono, appunto, molti atti concreti delle singole virtù teologali e cardinali.

Infatti, secondo Benedetto XIV, per provare l'eroicità delle virtù non bastano pochi atti, sebbene eroici, «cum multiplex excellentia vitae requiratur in Canonizandis, uti loquuntur Canonistae..., et *cum de virtutibus constare dici non possit in gradu heroico,* uti loquuntur Theologi, *si multiplices non proponantur actus a Dei Servis eliciti, qui qualitate heroica praediti sint*».

Non bastano nemmeno molti atti di una virtù: «(ponderandum est) sexto, multitudinem actuum, licet heroicorum, satis non esse, ut virtutes Beatificandi et Canonizandi approbentur; satis enim non est, si ex pluribus heroicis actibus, ex. gr. virtutis fidei heroicus habitus fidei probetur, *sed ulterius requiritur, ut ex aliis actibus* iuxta modum infra explicandum *habitus heroici aliarum virtutum theologalium et cardinalium demonstrentur...*».

«Quae tamen sic explicanda sunt et intelligenda, non ut in quoli-

[8] Nell'Archivio Segreto Vaticano, Fondo S.C. dei Riti, si possono vedere i processi *super virtutibus in specie* — istruiti dopo la dichiarazione del *casus exceptus* e la concessione di messa e ufficio — dei seguenti Santi canonizzati: *Giovanni Nepomuceno* (Proc. N. 2247, del 1723-25), *Caterina di Genova* (N. 1241, del 1687-1715), *Giuliana Falconieri* (n. 807, del 1694-1701), *Giovanni di Kenty (Canzio)* (N. 632, versio N. 633, del 1687-93), *Giovanna di Valois* (N. 255, del 1773), *Angela Merici* (N. 341, del 1770-75). Sulla discussione delle virtù *in gradu heroico* dei *SS. Fondatori dei Servi di Maria,* cf. BENEDICTUS XIV, lib. I, cap. 32, num. 21, p. 206. Fu lo stesso Benedetto XIV a richiedere una «relatio iuridica virtutum in gradu *heroico* singulorum Beatorum», precisando poi che tale «relatio iuridica virtutum... aequipollet formaliter examini virtutum».

[9] BENEDICTUS XIV, lib. I, cap. 22, num. 16, p. 204.

bet Beatificando et Canonizando opus sit, ut probetur existentia virtutum tum theologalium, tum cardinalium in gradu heroico per multiplices heroicos actus eiusdem generis ex unaquaque praedictarum virtutum procedentes; sed *ut in omnibus et singulis Beatificandis et Canonizandis per actus multiplices heroicos probetur existentia virtutum theologalium, et praecipue caritatis, in gradu heroico...*

Probatis autem modo praedicto virtutibus theologalibus in gradu heroico, *necesse est, ut probetur virtutum quoque cardinalium, seu moralium existentia* non semper per actus heroicos sed quandoque per actus heroicos, quandoque per actus communes, *restricta actuum heroicorum necessitate ad eas virtutes, in quibus Dei Servus, dum viveret, iuxta suum statum et condicionem potuit se exercere...*»[10].

Stando così le cose, non appare fondata la tesi secondo cui nelle cause degli antichi Beati sarebbe sufficiente dimostrare «l'eroicità delle virtù *in genere*»; a parte il fatto che non si vede come sia possibile dimostrare l'*eroicità* delle virtù senza conoscerle «in individuo». Nella plurisecolare prassi della Santa Sede, il termine «in genere» si riferisce alla «*fama* virtutum», la quale da sola, però, non basta *ad effectum canonizationis.*

5. A questo punto si potrebbe obiettare che lo stesso Benedetto XIV, pur dichiarando necessaria la dimostrazione dell'*eroicità* delle virtù in tutte le cause (dei Confessori), contempla un trattamento speciale nell'accertamento delle virtù eroiche degli antichi Beati, allorché scrive:

«Opponebatur adhuc, virtutum et martyrii examen in hisce causis non posse fieri, nisi dependendo a probationibus subsidiariis: hoc est a testibus de auditu et historicis: in quo rerum themate responderi non potest: *constare de virtutibus,* aut martyrio, cum constare exposcat probationes luce meridiana clariores. Praetermisso autem, quod videtur responderi posse *constare,* dependendo a probationibus etiam subsidiariis, quae in genere suo perfectae sint, et dummodo casus sit tantum capax subsidiariae probationis...; vis maior stat in hoc, quod proposito dubio: *an constet de virtutibus,* non respondetur absolute et simpliciter: *constare,* sed respondetur: *ita constare de virtutibus, ut deveniri possit ad discussionem miraculorum...* Cum enim in causa S. Peregrini Latiosi, quando agebatur de tuto progressu ad Canonizationem, ipse tamquam fidei Promotor objecissem, non suf-

[10] IDEM, lib. III, cap. 21, num. 11, p. 216s.

ficere approbationem virtutum expressam verbis nuper relatis, sacra Congregatio censuit, eam esse utique sufficientem, utpote congruam causae procedenti per viam casus excepti...»[11].

Per comprendere questo testo è opportuno ricordare che gli autori, i quali in precedenza avevano trattato del valore delle prove «storiche» in ordine alla dimostrazione delle virtù, non erano unanimi; e che qualcuno (Matta) era addirittura del parere, «non posse post decreta Urbani VIII, in quibus statuitur modus et forma examinandi testes sub interrogatoriis fidei Promotoris, virtutes et miracula probari respectu Canonizationis per historias»[12]. E dal momento che nelle cause procedenti *per viam casus excepti* — mancando le deposizioni di testi *de visu* debitamente raccolte — le virtù eroiche potevano essere provate soltanto *per testes de auditu et probationes subsidiarias* (per historias), tali prove non erano ritenute adeguate per giustificare un semplice *constare de virtutibus.* Benedetto XIV — stando al testo appena citato — non sembra fosse di questo parere; tuttavia ne tenne conto fino al punto da stabilire, da Pontefice, che in queste cause, proprio perché le virtù venivano provate «per testes de auditu et probationes subsidiarias», fossero necessari per la canonizzazione quattro miracoli anziché due (Decreto del 23 aprile 1741)[13].

Se scrivesse oggi, Benedetto XIV citerebbe certamente tante cause «storiche»[14] a comprova della tesi che, anche in assenza di deposizioni processuali dei testi *de visu,* è possibile dimostrare pienamente l'esercizio eroico delle virtù di un Servo di Dio, e quindi rispondere al relativo *dubium* con un semplice, senza riserve, *constare de virtutibus in gradu heroico.*

6. Ma qualunque sia stata l'antica prassi della Congregazione dei Riti, essa è stata superata sul piano legislativo dalla riforma di san Pio X, il quale con il decreto *Cum in agendis*[15] dell'11 novembre

[11] IDEM, lib. I, cap. 32, num. 17, p. 204s.

[12] IDEM, lib. III, cap. 8, num. 1, p. 63.

[13] IDEM, lib. I, cap. 32, num. 5, p. 200.

[14] Cause «storiche» — secondo il M.p. *Già da qualche tempo* del 6 febbraio 1930 — sono quelle per le quali (trattisi della vita, delle virtù, del martirio o di antico culto) non si possono raccogliere deposizioni di testimoni contemporanei ai fatti in causa, né si hanno documenti certi di tali deposizioni debitamente raccolte in tempo opportuno». Con il citato Motu proprio, Pio XI istituì presso la Congregazione dei Riti una Sezione Storica, cui, tra l'altro, affidò il compito di garantire l'acquisizione e l'esame critico di tutte le fonti scritte riguardanti le cause «storiche», comprese quelle degli antichi Beati.

[15] AAS 4 (1912), pp. 705-707. Sulla riforma di san Pio X, cf. F. VERAJA, *La Beatificazione,* pp. 136-150.

1912 stabilì le nuove norme per la procedura delle cause degli antichi Beati, e questa procedura è stata poi recepita nel CIC del 1917 (cann. 2125-2135).

La riforma di Pio X consisteva innanzi tutto nel ritorno all'antico rigore della legislazione di Urbano VIII, e precisamente bisognava prima di tutto istruire il processo informativo *super fama sanctitatis vitae, virtutum vel martyrii et miraculorum,* da discutere nella Congregazione (cann. 2127-2128). Introdotta la causa, occorreva istruire il processo apostolico[16] *super casu excepto* che andava discusso in una congregazione ordinaria, *super dubio: an confirmanda sit sententia iudicis delegati vel an ita constet de casu excepto ut ad ulteriora procedi possit* (cann. 2129-2131). La decisione *constare de casu excepto* era — come nella legislazione urbaniana — un semplice *procedatur ad ulteriora,* cioè alla discussione delle virtù o del martirio (can. 2132), e non implicava affatto un immediato incremento del culto con la concessione di messa e ufficio[17]. Per ottenere messa e ufficio, invece, occorreva prima dimostrare l'esercizio eroico delle virtù o il martirio dell'antico Beato; bisognava perciò istruire il processo *super virtutibus vel super martyrio eiusque causa,* precisamente come nelle cause procedenti *per viam non cultus* (can. 2133, che rimanda ai cann. 2087-2115 riguardanti appunto le cause procedenti *per viam non cultus*). Su questo punto, nessuna particolare considerazione era riservata alle cause procedenti *per viam casus excepti.* Così si spiega che, mentre per le discussioni sulla fama di santità (per l'introduzione della causa) e sul *casus exceptus* sono espressamente riportati nei canoni 2128 e 2131 i *dubia,* ai quali bisogna rispondere, per la discussione sulle virtù o sul martirio non si riporta un *dubium* particolare, ma si rimanda ai canoni riguardanti le

16 Secondo la legislazione di Urbano VIII, questo processo poteva essere istruito dall'Ordinario del luogo *auctoritate propria,* e solo nel caso che l'Ordinario avesse omesso di istruirlo prima dell'introduzione della causa, esso veniva istruito dopo, *auctoritate apostolica.* Tale prassi è stata codificata per quanto riguarda il processo *de non cultu* (cf. cann. 2038 § 2, 3°; 2086 § 1), mentre per il processo *super casu excepto* si è conservata nel CIC la normativa prevista nel decreto *Cum in agendis* dell'11 novembre 1912, senza che si sia pensato di uniformarla, su questo punto, con quella riguardante le cause procedenti *per viam non cultus.* Ciò sarebbe stato coerente, dal momento che il processo *super non cultu* e quello *super casu excepto seu cultu* era quel «processo particolare», prescritto da Urbano VIII, al solo scopo di accertare l'osservanza dei suoi Decreti, e nient'altro.

17 Il can. 2132 — ripreso dal *Decretum* del 31 gennaio 1913 (AAS 5 [1913], pp. 41-42) — precisava: «Confirmatio sententiae iudicis delegati ex parte Romani Pontificis eam solam vim habet, ut probet factum immemorabilis cultus Servo Dei praestiti et usque ad sententiam perseverantis».

cause procedenti *per viam non cultus;* pertanto nelle cause dei «confessori» il *dubium* da proporre ai teologi è il seguente: *An constet de virtutibus theologalibus Fide, Spe, Caritate tum in Deum tum in proximum, necnon de cardinalibus Prudentia, Iustitia, Temperantia, Fortitudine, earumque adnexis in gradu heroico et ad effectum de quo agitur* (can. 2104). Risulta quindi evidente che se il *dubium* per la discussione sulle virtù degli antichi Beati non doveva essere identico a quello stabilito per le cause procedenti *per viam non cultus,* il Legislatore avrebbe certamente adoperato una formula diversa.

Soltanto dopo la pubblicazione del decreto (unico) *«de facto cultus immemorabilis et de heroicitate virtutum»,* il Servo di Dio era da considerarsi «aequipollenter beatificatus», e in suo onore si potevano concedere «actus publici cultus, quibus honorari consueverunt formaliter beatificati» (cann. 2134-2135), cioè messa e ufficio («tunc tantum locus fit Officio et Missae», come è detto nel decreto *Cum in agendis,* num. 5).

In ordine alla canonizzazione occorrevano inoltre tre miracoli (can. 2138 § 2)[18].

Riassumendo, nella riforma di Pio X vanno sottolineati due aspetti:

1° Il riconoscimento pontificio della legittimità di un antico culto (cioè che nel caso si tratta di un *casus exceptus a decretis Urbani VIII*) non ha altro valore se non quello di un semplice «procedatur ad ulteriora» nella causa di canonizzazione; in tal modo si è ritornato alla mente originale della legislazione di Urbano VIII. Non si tratta quindi di una «beatificazione equipollente»; perché infatti il Servo di Dio possa essere equiparato (sul piano del culto) ai Beati beatificati *formaliter,* occorre prima dimostrare l'eroicità delle sue virtù o il martirio.

2° L'eroicità delle virtù o il martirio devono essere dimostrati come nelle cause procedenti *per viam non cultus.*

7. La successiva riforma di Pio XI riguardante le cause «storiche» (e quelle degli antichi Beati sono di loro natura «storiche») si è limitata a regolare diversamente solo l'*istruzione* di queste cause: al posto dei *tre* processi previsti dal CIC — *super fama sanctitatis*

[18] Il Decreto *Cum in agendis* esigeva «quatuor miracula post indultam venerationem patrata»; tale numero era già stato stabilito da Benedetto XIV (v. *supra,* nota 13).

(can. 2127 § 2), *super casu excepto* (can. 2129) e *super virtutibus vel martyrio* (can. 2133) — secondo le *Normae* del 4 gennaio 1939 andava istruito *un solo* processo[19]. L'oggetto dell'inchiesta canonica, tuttavia, nel suo insieme, restava immutato, e di fatto la Sezione Storica, in un'unica *Positio,* presentava le prove riguardanti la vita, le virtù, la fama di santità e il culto del servo di Dio[20]. Di conseguenza, anche nella fase di giudizio venivano esaminati insieme sia il culto immemorabile che l'eroicità delle virtù, mentre il CIC prevedeva discussioni successive, prima *de casu excepto,* poi *de virtutibus* (cf. cann. 2131 e 2133).

8. Nell'attuale legislazione la situazione non è cambiata *quoad substantiam.* Un accenno esplicito alle cause degli antichi Beati si ha nella Cost. Apost. *Divinus perfectionis Magister,* num. 1, dove si precisa la competenza dei Vescovi diocesani, stabilendo che ad essi «ius competit inquirendi circa vitam, virtutes vel martyrium ac famam sanctitatis vel martyrii, asserta miracula, *necnon, si casus ferat, antiquum cultum Servi Dei, cuius canonizatio petitur».*

Per la piena comprensione di questo accenno, occorre tener presente che nella nuova legislazione non sono previsti, come nel CIC del 1917, due procedimenti — uno *per viam non cultus,* l'altro *per viam casus excepti* — ma un solo procedimento (come ai tempi di Urbano VIII) sia per le cause dei servi di Dio che non sono oggetto di culto pubblico ecclesiastico, sia per quelle degli antichi Beati (*casus excepti*)[21].

In tutte le cause, l'inchiesta diocesana concerne la vita del Servo di Dio, le sue virtù o il martirio e la fama di santità o di martirio, nonché i miracoli, sui quali però l'inchiesta va fatta separatamente[22].

19 Su questo processo, che veniva istruito *auctoritate ordinaria,* vedi le precisazioni in F. Veraja, *Il Motu proprio «Sanctitas clarior» e le cause «storiche» dei santi,* in «Monitor ecclesiasticus» 1979, pp. 315-337 (in particolare pp. 317-327).

20 Le prime *positiones* curate dalla Sezione Storica sono intitolate *super casu excepto,* anche se contengono le prove delle virtù del Beato; ciò è dovuto all'inavvertenza. Quando era in stampa la *Positio* per *Dorotea Di Montau,* da qualcuno fu fatta presente la inadeguatezza del suddetto titolo; la nuova Posizione quindi venne intitolata *super cultu et virtutibus* (1971). La *Positio* storica, infatti, comprendeva il materiale che, secondo il CIC, sarebbe stato oggetto di più Posizioni, rispettivamente sulla fama di santità, sul culto immemorabile e sulle virtù. — Per il futuro, in simili casi è prevista una *Positio super vita, virtutibus et cultu.*

21 Sulla procedura prevista nel CIC 1917 si veda l'articolo citato nella nota 19.

22 Cf. Cost. Apost. *Divinus perfectionis Magister,* num. 2, 5°; *Normae* del 7 febbraio 1983, numm. 32-35.

Ma quando si tratta di un servo di Dio che *ab immemorabili tempore* è oggetto di culto pubblico ecclesiastico che non sia stato riconosciuto dalla Santa Sede, allora, *oltre* alle suddette prove richieste in ogni causa, vanno raccolte *anche* le prove riguardanti il predetto culto. Ciò è necessario per provare la legittimità del culto (*casus exceptus*) ai sensi dei Decreti di Urbano VIII[23]; in seguito poi, promulgato il decreto sul fatto del culto e sulla eroicità delle virtù, si potrà ottenere messa e ufficio in onore del Beato, senza dover prima provare i miracoli.

Sotto questo aspetto, dunque, nulla è cambiato rispetto alla legislazione del CIC del 1917. Ciò che nel frattempo era cambiato riguardava la procedura (questo già in virtù delle *Normae* del 4 gennaio 1939) e il contesto legislativo; inoltre, è stata accantonata la terminologia ritenuta impropria. Infatti, non si parla più della «beatificazione equipollente», giacché non è il caso di parlare della «beatificazione» di un servo di Dio che da secoli è già pubblicamente venerato come Santo o Beato e il cui culto è legittimo ai sensi dei Decreti urbaniani. Nella nuova legge non ricorre nemmeno il termine di «conferma di culto», e certo non per una svista. «Conferma di culto» di per sé dice soltanto che il culto, riconosciuto legittimo, può rimanere nello *statu quo;* ma a questo solo fine non è mai stata necessaria la conferma pontificia, trattandosi di materia che è di competenza del Vescovo diocesano, al quale spetta, in caso di dubbio, dichiarare che un culto è legittimo ai sensi dei Decreti di Urbano VIII, cioè che si tratta di un *casus exceptus*[24]. Di conseguenza, stando all'attuale normativa, la Santa Sede non prende in considerazione una causa al solo scopo di accertare e riconoscere la legittimità di un antico culto, dichiarandolo *casus exceptus*[25].

23 L'osservanza dei Decreti di Urbano VIII *de non cultu* deve tuttora essere accertata, ma non più mediante quel «processo particolare» prescritto nel breve *Caelestis Hierusalem cives* del 1934, quindi nei Decreti definitivi del 1642 e poi nel CIC del 1917. Nella vigente legislazione, il «non culto» viene garantito da una *Dichiarazione* del Vescovo competente (cf. Cost. Apost., num. 2, 6°; *Normae* del 7 febbr. 1983, num. 28), mentre un eventuale culto antico e la sua ininterrotta continuazione (cf. i vecchi cann. 2036 § 1 e 2132) vanno *documentati* nell'inchiesta diocesana sulla vita, le virtù e la fama di santità, e, per quanto riguarda il culto recente, esso sarà provato dalle testimonianze orali raccolte nell'inchiesta (cf. *Normae,* num. 15*b:* «In causis antiquis vero interrogatoria dumtaxat famam sanctitatis vel martyrii adhuc vigentem *necnon, si casus ferat, cultum recentioribus temporibus Servo Dei praestitum* respiciant»).

24 Cf. BENEDICTUS XIV, lib. II, cap. 17, num. 7, p. 111s.

25 Non è quindi previsto lo studio isolato del culto immemorabile e una eventuale *Positio super casu excepto* o *super cultus confirmatione,* a meno che qualcuno riesca ad otte-

Per quanto riguarda l'accertamento delle virtù eroiche, esso esige che le prove siano *omnino plenae,* come in tutte le altre cause. Certo, l'apparato probatorio varia da causa a causa e — come del resto avviene anche nelle cause recenti — può essere più o meno consistente; ma in ogni caso esso deve consentire ai Consultori e ai Cardinali di pronunciarsi *sul grado eroico* delle virtù, come rilevato da Benedetto XIV, sopra al num. 4. Se ciò è necessario in una causa «antica» (ad es. del secolo XVIII) di un servo di Dio che non sia oggetto di culto, non si vede perché non si dovrebbe esigere altrettanto nella causa di un servo di Dio venerato *ab immemorabili tempore.* Il culto antico può, al massimo, essere invocato come prova della *fama* di santità, ma esso non è sufficiente per provare l'*eroicità* delle virtù[26].

nere la dispensa dall'attuale legge e l'autorizzazione di seguire la procedura anteriore al CIC del 1917, il che certamente — come è stato rilevato sopra al num. 1 — non sarebbe conforme agli intenti perfettivi della procedura, che hanno guidato san Pio X nella sua riforma. Il santo Pontefice, tanto zelante per il culto divino, ha voluto mettere fine ad una prassi discutibile e che, a giudizio del noto canonista P.Benedetto Ojetti S.I., andava abolita «per il decoro della Chiesa» (cf. F. VERAJA, *La Beatificazione,* p. 171). La proposta del P.Ojetti era «di abolire assolutamente le Conferme di culto», nel qual caso le cause degli antichi Beati sarebbero state trattate come quelle dei Servi di Dio che non sono oggetto di culto. In concreto, per ottenere messa e ufficio sarebbe stato necessario provare le virtù eroiche e ottenere la regolare approvazione dei miracoli. Tale soluzione radicale (che in realtà avrebbe significato il ritorno alla legislazione originaria di Urbano VIII) non fu accolta dal Papa, il quale volle che si tenesse conto del culto immemorabile, nel senso che, provate le virtù eroiche, si potesse concedere messa e ufficio senza la previa approvazione dei miracoli. Questi invece erano necessari per la canonizzazione, anzi il Papa stabilì che fossero richiesti quattro miracoli (nel CIC il numero è stato ridotto a tre). — Ritornare ora alla vecchia prassi, anche per un solo caso, significherebbe praticamente vanificare la legge, perché difficilmente si potrebbe negare ad altri ciò che si è concesso ad uno. D'altra parte, siamo in un campo che non può essere considerato di fatto come se si trattasse della concessione di grazie, benefici o onorificenze. A tal proposito merita attenzione un'osservazione del card. L. Billot, il quale dovette revisionare il testo del decreto *Cum in agendis* dell'11 novembre 1912, preparato da mons. La Fontaine, Segretario della Congregazione dei Riti. Poiché nella minuta di mons. La Fontaine, a proposito del Decreto del 20 dicembre 1826 era detto che *«Leo Papa X indulgentia profecto et benignitate usu (est)»,* il card. Billot annotò: «Supprimendum videtur *indulgentia profecto et benignitate usus:* quia non apparet quomodo in talibus causis indulgentiae et benignitati locus esse possit» (ibid., p. 144s, nota *a*).

26 Come è stato sottolineato sopra, ai numm. 2-4, la Santa Sede ha sempre richiesto, dopo la dichiarazione del *casus exceptus,* la discussione particolare *super virtutibus in specie,* né si è mai accontentata della prova *indiretta,* cioè *ex facto cultus,* per riconoscere l'*eroicità* delle virtù di un antico Beato. Non si può quindi, a nostro avviso, condividere l'impostazione data dal Promotore Generale della Fede dell'epoca, alla causa di Bertoldo di Garsten. Dopo aver dichiarato «documenta in Positione allata *insufficientia omnino esse* ad vitam virtutesque Servi Dei perfecte illustrandas, *et adhuc minus ad heroicitatem virtutum probandam»,* il Promotore continua: «Notandum tamen est huiusmodi negativam conclusionem Causae praeiudicium non afferre, cum in ea, non tam super vita et virtutibus quam super casu excepto seu super cultu liturgico Servo Dei tributo agatur; *qui cultus,* per septem

Ciò che vale per l'accertamento delle virtù eroiche, vale ovviamente anche per il martirio. E qui non sarà inutile ricordare le parole di Benedetto XIV sulla qualità delle prove richieste: «iterum subdimus, *certas et evidentes probationes esse necessarias, neque sufficere praesumptivas et conjecturales*»[27].

saecula Servo Dei tributus et historice et iuridice certe probatus, *constituit, ni fallor, probationem utique indirectam sed validissimam virtutum heroicitatis* et sanctitatis Servi Dei» (*Disquisitio*, p. 6; il corsivo è nostro. Cf. il nostro *La Beatificazione*, pp. 158-160). Tale impostazione non era conforme alle esigenze del CIC in materia, e nemmeno alla precedente prassi secondo la quale ci si limitava, in un primo tempo, alla discussione del solo *casus exceptus*, ma si ritornava poi alla discussione delle virtù *in specie*. Nel caso di Bertoldo, invece, si è accertato solo il *casus exceptus*, riconoscendo espressamente l'impossibilità di dimostrare l'eroicità delle virtù, mentre poi nel Decreto si dichiara: «*Ita constare de virtutibus, ut ad disceptationem super miraculo pro canonizatione quandocumque deveniri possit*». Nel caso, quindi, si può andare alla canonizzazione senza l'accertamento delle virtù *eroiche!* — Il suddetto Decreto per Bertoldo di Garsten è dell'8 gennaio 1970, ed è stato ricalcato nei decreti analoghi per *Dorotea di Montau* (9 gennaio 1976) e per *Margherita Ebner* (22 febbraio 1979), benché in questi due casi l'eroicità delle virtù risulti provata. Nelle cause di questo genere, trattate prima del 1970, invece, viene espressamente dichiarata l'*eroicità* delle virtù: nel Decreto dell'11 agosto 1958 per *Ermanno Giuseppe*, sac. O.Praem, e nel Decreto del 27 gennaio 1966 per *Adelaide*, badessa O.S.B. di Vilich.

27 Dopo la promulgazione del CIC del 1917, si sono avute tre canonizzazioni dei Martiri che in precedenza avevano avuto la conferma di culto. Si tratta di *Giovanni Fisher* e *Tommaso More* (canonizzati nel 1935), *Nicola Tavelic' e Soci* (canonizzati nel 1970), e *Undici Martiri Inglesi* (canonizzati nel 1971 con altri 29 Martiri che erano stati beatificati *formaliter*). Nelle predette tre cause, la Sezione Storica della Congregazione ha curato la preparazione della *Positio super martyrio*, e l'esito della discussione teologica, in tutti e tre i casi, è stato nettamente positivo, cioè *constare de martyrio eiusque causa*. — In analoghe circostanze giuridiche è stata chiesta la canonizzazione di alcuni Beati non martiri, e nelle loro cause sono state preparate le relative *positiones* «storiche» *super virtutibus*. La *Positio super vita et virtutibus* del b. *Vincenzo Kadlubek* (1971) non è stata nemmeno messa in discussione, a causa dell'evidente insufficienza delle prove dell'eroicità delle virtù. Le virtù della b. *Beatrice de Silva Meneses* sono state approvate il 21 gennaio 1974 (si noti l'anno!) ma il relativo decreto risente dell'impostazione adottata nel decreto per Bertoldo di Garsten (v. nota 25): «Ita constare de virtutibus Beatae Beatricis de Silva, ... ut quondam, praeviis miraculis, ad eius canonizationem deveniri possit» (AAS 66 [1974], pp. 504-507). Inoltre, il decreto contiene anacronismi giuridici là dove è descritto l'iter della causa al tempo di Urbano VIII: infatti, contrariamente a quanto il decreto lascia supporre, nel 1636 non era ancora espressamente prescritto il processo «super casu excepto» né si parlava «de cultus confirmatione», e il processo informativo *super fama* era obbligatorio anche nelle cause dei servi di Dio che erano oggetto di culto! Comunque, previa approvazione di un miracolo, la Beata è stata canonizzata il 3 ottobre 1976. — Nel 1985 è stata discussa la *Positio super virtutibus* della beata *Eustochio Calafato*, e il decreto *super heroicitate virtutum* è stato promulgato il 21 marzo 1985. (Nella *Informatio* del Patrono si leggono certe affermazioni non del tutto esatte sul significato dell'esame delle virtù nelle cause degli antichi Beati, e il relativo *dubium* proposto ai teologi non è quello classico, che poi è stato adottato nel *Decretum* sull'eroicità delle virtù).

Concludendo, si possono dare agli Attori di eventuali cause degli antichi Beati le seguenti indicazioni pratiche:

1°. Non è il caso di chiedere la «conferma» di un antico culto, ma qualora si voglia ottenere per il rispettivo Beato la messa e l'ufficio, è necessario istruire la causa di canonizzazione secondo la vigente legislazione, e solo dopo l'accertamento del fatto del culto immemorabile e dell'eroicità delle virtù si può avere quanto desiderato.

2°. Se un antico Beato ha già avuto la messa e l'ufficio subito dopo la dichiarazione del *casus exceptus,* secondo la procedura che era in vigore prima della riforma di Pio X, per una sua eventuale canonizzazione occorre dimostrare l'*eroicità* delle virtù (o il martirio), prima di passare alla discussione del prescritto miracolo.

3°. In tutte le cause di canonizzazione, quindi anche in quelle degli antichi Beati, la dimostrazione della santità della vita o del martirio resta l'obiettivo primario ed essenziale della causa, e tale dimostrazione dev'essere *piena,* affinché i teologi possano senza riserve affermare: *constare de virtutibus theologalibus et moralibus in gradu heroico, in casu et ad effectum de quo agitur,* rispettivamente: *constare de martyrio eiusque causa.* Altrimenti, con quale fondamento il Papa potrebbe proporre un antico Beato come modello di santità, se questa non è adeguatamente provata? L'autorità del Papa, infatti, non supplisce alla mancanza delle prove richieste in una causa di canonizzazione.

Appendice III

INTERROGATORIO DEI TESTI SULLA VITA, VIRTÙ E FAMA DI SANTITÀ DEI CANDIDATI ALLA CANONIZZAZIONE [1]

I. Circa la persona del teste

1. Si avverta ogni singolo teste, di qualunque condizione e dignità:

a) dell'importanza e gravità del giuramento prestato;

b) dell'obbligo religioso, morale e giuridico, derivante dal giuramento, di manifestare integralmente e chiaramente tutto ciò che egli conosca, tanto a favore quanto in disfavore, del servo di Dio;

c) dell'obbligo di osservare il segreto di ufficio su quanto formerà oggetto dell'inchiesta in corso.

2. Si domandino le generalità del teste: nome, cognome, paternità, maternità, luogo e data di nascita, stato, religione, professione, e ogni altro dato personale, utile a qualificare la persona del teste.

3. Il teste indichi: quando, dove e per quanto tempo ha conosciuto il servo di Dio, e se ha avuto con lui familiarità e per quanto tempo, e se sia legato a lui da qualche vincolo naturale o spirituale (parentela, appartenenza allo stesso Istituto di vita consacrata, ecc.).

N.B. Se il Postulatore ha presentato la «scheda personale» del teste, con i dati richiesti sotto i numeri 2-3, la scheda sarà letta al teste perché la confermi.

[1] Alla stesura di questo *specimen* di interrogatorio hanno collaborato il R.P. Lucio De Stefano e Mons. Marcello Bartolucci, Officiali della Congregazione; il testo è stato poi rivisto dal compianto P.Valentino Macca O.C.D., Relatore, e dei suoi suggerimenti abbiamo tenuto conto nella redazione definitiva.

4. Si verifichi se il teste:

a) sia mosso a testimoniare da qualche umana ragione (per es., affezione, prevenzione, interesse, ecc.);

b) sia stato istruito per iscritto, verbalmente, o in qualsiasi altro modo, sulla maniera di rispondere e di comportarsi nel presente interrogatorio.

II. Vita del Servo di Dio

5. Se il teste è in grado di fornire notizie relative alla vita giovanile del servo di Dio, venga interrogato soprattutto sui seguenti punti:

a) Nascita e battesimo;

b) Famiglia: genitori, loro condizione sociale ed economica, professione, condotta morale e religiosa; fratelli e sorelle; rapporti del servo di Dio con i medesimi;

c) Infanzia: dove e come trascorsa dal servo di Dio;

d) Adolescenza: luoghi e scuole frequentate; insegnanti e compagni; titoli di studio; formazione umana e cristiana; circostanze di tempo e di luogo relative alla prima Confessione, alla prima Comunione e alla Confermazione;

e) Anni della giovinezza: dove e come trascorsi; rapporti con i genitori e congiunti; amicizie e compagnie coltivate; caratteristiche socio–religiose degli ambienti frequentati; influsso delle persone e degli ambienti suddetti sulla personalità del servo di Dio;

f) Corsi di studio superiori: quali furono; quando e dove frequentati; diplomi o titoli accademici conseguiti; ricordo lasciato dal servo di Dio presso compagni e docenti;

g) Avvenimenti salienti della giovinezza del servo di Dio, aspirazioni e interessi dominanti, attività svolte;

h) Pratica religiosa negli anni della giovinezza: caratteristiche della vita spirituale e sacramentale del servo di Dio; attività apostoliche particolari; partecipazione a movimenti ed associazioni;

i) Scelta dello stato di vita: motivi e circostanze della scelta.

6. Se la causa riguarda un servo di Dio *sacerdote,* i punti da sottoporre al teste sono soprattutto i seguenti:

a) Formazione sacerdotale: circostanze di tempo, di luogo e di persone; criteri e metodi; corsi di studio; impegno del servo di Dio per quanto riguarda il fervore nella pietà e il progresso nella vita spirituale, l'osservanza della disciplina, lo studio;

b) Ordinazione sacerdotale: circostanze di tempo, di luogo e di persone relative al conferimento degli Ordini, specialmente del Presbiterato; circostanze di tempo e di luogo della celebrazione della prima Messa;

c) Ministero sacerdotale: uffici, incarichi pastorali e relative circostanze di tempo e di luogo; rapporti con i superiori, collaboratori e fedeli; avvenimenti salienti e straordinari; successi e difficoltà;

d) Fisionomia spirituale: tratti caratteristici della personalità umana e sacerdotale del servo di Dio; stile di vita sacerdotale; note caratteristiche del suo impegno ascetico e zelo apostolico.

7. Se la causa riguarda un servo di Dio *religioso,* i punti da sottoporre al teste sono soprattutto i seguenti:

a) Formazione religiosa: circostanze di tempo, di luogo, di persone; criteri e metodi della formazione; tirocinio religioso propriamente detto; noviziato, ammissione ai Voti; corsi di studio; impegno per quanto riguarda la fedeltà alla Regola, il fervore nella pietà, il desiderio della perfezione, la vita comunitaria.

b) Attività e fisionomia spirituale:

– Qualora si tratti di *semplice religioso:* mansioni ordinarie con relative circostanze di tempo e di luogo; incarichi speciali; apostolato, rapporti con superiori e confratelli; avvenimenti salienti o straordinari; tratti caratteristici della personalità umana e religiosa; stile di vita; fedeltà alle Regole; impegno ascetico; fervore nella pietà; osservanza dei Voti.

– Qualora si tratti di *religioso con Ordini:* circostanze di tempo, di luogo e di persone dell'Ordinazione sacerdotale; offici ordinari e incarichi speciali esercitati nell'ambito dell'Istituto; mansioni pastorali ed attività svolte fuori dell'Istituto; avvenimenti salienti del ministero; difficoltà e momenti di particolare sofferenza; spirito religioso e zelo apostolico nei vari ministeri; tratti caratteristici della personalità umana e religiosa; stile di vita; fedeltà alle Regole; impegno ascetico; fervore nella pietà; osservanza dei Voti.

8. Se la causa riguarda un servo di Dio *missionario,* oltre i punti già menzionati, si sottopongano al teste anche quelli seguenti:

a) Vocazione missionaria: origine e vicende della vocazione; tempi, luoghi, modalità e criteri della formazione missionaria.

b) Ministero missionario: tempi, luoghi e circostanze; condizioni ambientali, sociali, spirituali del ministero; avvenimenti salienti e realizzazioni apostoliche; prove e difficoltà; metodo e zelo missionario; rapporti con autorità, popolazioni, altre confessioni religiose.

9. Se la causa riguarda un servo di Dio *vescovo,* oltre i punti già menzionati, si sottopongano al teste anche quelli seguenti:

a) Ordinazione episcopale: circostanze di tempo e di luogo; motivi della promozione all'episcopato; reazioni e commenti dei fedeli e degli ecclesiastici alla notizia di tale nomina.

b) Ministero episcopale: tempi e luoghi del ministero episcopale; rapporti con il clero, con i fedeli e le pubbliche autorità; iniziative apostoliche particolari; avvenimenti salienti del governo episcopale; difficoltà, prove, momenti di sofferenza, realizzazioni.

c) Fisionomia spirituale: tratti caratteristici della personalità episcopale del servo di Dio; stile abituale di vita; impegno ascetico; pietà quotidiana; zelo apostolico.

10. Se la causa riguarda un servo di Dio *fondatore,* si sottopongano al teste i seguenti punti:

a) Fondazione: cause remote e prossime della Fondazione; circostanze di tempo, di luogo e di persone; ruolo specifico del servo di Dio nella Fondazione; natura e finalità; collaboratori del servo di Dio; appoggi ed opposizioni; atteggiamento ed approvazione dell'autorità ecclesiastica.

b) Vicende e sviluppo della Fondazione: circostanze e modalità dello sviluppo; avvenimenti storici salienti; attività apostoliche; governo della Fondazione; stato attuale.

11. Se la causa riguarda un servo di Dio *laico, rimasto celibe,* i punti da sottoporre al teste sono soprattutto i seguenti:

a) Scelta ed esercizio della professione: condizioni di salute e posizione economica; rapporti con i congiunti; interessi e attività sociali, culturali ed apostoliche; avvenimenti salienti della vita.

b) Fedeltà ai doveri del proprio stato.

c) Tratti caratteristici della personalità e fisionomia spirituale.

12. Se la causa riguarda un servo di Dio *coniugato,* i punti da sottoporre al teste sono soprattutto i seguenti:

a) Circostanze relative al fidanzamento e al matrimonio; membri e vicende della famiglia; il carattere del coniuge (marito o moglie); relazioni con la comparte e con i figli; rispetto della santità delle relazioni matrimoniali, per quanto se ne può sapere; attività professionale; impegni sociali ed apostolici; avvenimenti salienti della vita.

b) Fedeltà ai doveri del proprio stato.

c) Tratti caratteristici della personalità e della fisionomia spirituale.

III. Morte del Servo di Dio

13. I punti da illustrare sono soprattutto i seguenti:

a) Condizioni di salute del servo di Dio durante la vita e specialmente durante gli ultimi anni.

b) Cause, sia remote che prossime, della morte.

c) Persone che frequentarono ed assistettero il servo di Dio in occasione dell'ultima malattia e della morte.

d) Atteggiamento del servo di Dio nel periodo della eventuale infermità e in prossimità della morte; recezione dei Sacramenti; ultimi istanti di vita.

e) Circostanze di tempo e di luogo della morte; modalità delle esequie e della sepoltura.

14. Se la causa riguarda un servo di Dio *martire,* occorre indagare soprattutto sui seguenti argomenti:

a) Circostanze di tempo e di luogo relative all'asserito martirio;

b) Atteggiamento del persecutore nei confronti della religione cattolica in genere; motivazioni dell'atteggiamento specifico del persecutore nei confronti del servo di Dio;

c) Disposizioni abituali interiori del servo di Dio di fronte all'eventualità del martirio; comportamento del servo di Dio in occasione del martirio; modalità della morte del servo di Dio.

d) Risonanza dell'asserito martirio nell'opinione dei contemporanei; opinione del teste circa il fondamento e la consistenza dell'asserita fama di martirio.

IV. Virtù in specie

Nella esposizione delle singole virtù del servo di Dio, il teste abbia cura di riferire dettagliatamente, secondo scienza e coscienza, *fatti ed esempi concreti,* al fine di illustrare, in modo oggettivo e completo, ogni aspetto e circostanza del comportamento del medesimo servo di Dio.

I punti da sottoporre al teste sono soprattutto i seguenti:

A. VIRTÙ TEOLOGALI

15. *Fede*

a) Esercizio e sviluppo dello spirito di fede nel servo di Dio, nei vari periodi della vita e specialmente durante gli ultimi anni.

b) Proprietà ed espressioni caratteristiche della fede soprannaturale del servo di Dio nelle circostanze ordinarie della vita (per es., per quanto riguarda il desiderio della perfezione, lo zelo per la gloria di Dio e la salvezza delle anime, l'amore per la Persona del Salvatore, l'odio al peccato, la docilità al Magistero della Chiesa, ecc.)

c) Mezzi adoperati abitualmente dal servo di Dio per alimentare lo spirito di fede (per es., preghiera, meditazione della Parola di Dio e dei misteri della fede; vita liturgica e sacramentale, culto eucaristico e pietà mariana, venerazione dei Santi, ecc.)

d) Esercizio della virtù della fede nelle circostanze difficili della vita e specialmente in prossimità della morte.

e) Circostanze di tempo e di luogo relative ad eventuali mancanze od imperfezioni del servo di Dio nell'esercizio della fede.

16. *Speranza*

a) Manifestazioni abituali della speranza teologale del servo di Dio nei vari periodi della vita e specialmente negli ultimi anni (per es., relativamente alla fiducia nella misericordia divina e nei meriti di Gesù Cristo, alla ricerca prioritaria dei valori cristiani, alla serenità di spirito di fronte alle contrarietà e prove, anche ardue, della vita, al distacco dai beni terreni, al desiderio della beatitudine eterna, ecc.).

b) Circostanze e vicende nelle quali il servo di Dio ha esercitato, con particolare evidenza, la virtù della speranza.

c) Mezzi adoperati abitualmente dal servo di Dio per alimentare, in se stesso e negli altri, la virtù della speranza.

d) Atteggiamento del servo di Dio di fronte alla morte imminente.

e) Circostanze di tempo e di luogo relative ad eventuali mancanze ed imperfezioni del servo di Dio nell'esercizio della speranza.

17. *Carità verso Dio*

a) Espressioni concrete della carità che il servo di Dio ha manifestato abitualmente per il Signore nei vari periodi della vita e specialmente negli ultimi anni. Quando questa carità cominciò a manifestarsi con particolare intensità.

b) Impegno del servo di Dio di vivere costantemente alla presenza di Dio.

c) Compimento esatto e costante della volontà di Dio nelle circostanze ordinarie della vita (doveri del proprio stato).

d) Circostanze eccezionali nelle quali il servo di Dio ha esercitato l'amore per il Signore.

e) Fatiche, dolori, sacrifici materiali e prove spirituali sostenute dal servo di Dio per la glorificazione del Signore.

f) Circostanze di tempo, di luogo e di persone relative ad eventuali mancanze ed imperfezioni del servo di Dio nell'esercizio della carità per il Signore.

18. *Carità verso il prossimo*

a) Attitudini e disposizioni naturali del servo di Dio nei confronti del prossimo.

b) Momenti e circostanze nelle quali la carità del servo di Dio per il prossimo ha cominciato ad evidenziarsi in modo significativo.

c) Esercizio abituale della carità del servo di Dio per le persone a lui più vicine (per es., genitori, congiunti, amici, confratelli, superiori, compagni di lavoro, ecc.).

d) Esercizio della carità del servo di Dio verso i poveri, gli ammalati, i sofferenti, gli increduli, i nemici personali, le persone estranee, ecc.

e) Esercizio della carità del servo di Dio per il prossimo in circostanze insolite e difficili, sia dal punto di vista oggettivo che soggettivo (per es., in caso di particolari pericoli e calamità, di gravi offese, contrarietà, umiliazioni, calunnie, persecuzioni, ecc.).

f) Circostanze di tempo, di luogo e di persone relative ad eventuali mancanze ed imperfezioni del servo di Dio nell'esercizio della carità verso il prossimo.

B. VIRTÙ CARDINALI

19. *Prudenza*

a) Periodo e circostanze della vita del servo di Dio in cui la sua prudenza soprannaturale appare in modo più evidente.

b) Manifestazioni più significative della prudenza soprannaturale del servo di Dio (per es., nella scelta dello stato di vita, nell'opera della propria santificazione, nell'adempimento dei doveri del proprio stato, ecc.).

c) Esercizio abituale della prudenza da parte del servo di Dio, tanto nelle circostanze ordinarie quanto in quelle ardue e straordinarie.

d) Circostanze di tempo e di luogo nelle quali il servo di Dio abbia eventualmente agito contro la prudenza soprannaturale, sia per difetto che per eccesso (per es., per precipitazione, sconsideratezza, incostanza, negligenza, indecisione, superficialità, pusillanimità, interesse personale, preoccupazioni mondane, ecc.).

20. *Giustizia verso Dio*

a) Periodo e circostanze nelle quali il servo di Dio cominciò ad orientare e sottomettere la propria vita ed attività al volere divino.

b) Modo abituale del servo di Dio di osservare i comandamenti divini, le leggi della Chiesa e i doveri del proprio stato.

c) Desiderio e zelo del servo di Dio, specialmente negli anni della maturità, per l'onore e la glorificazione del Signore.

d) Circostanze di tempo e di luogo nelle quali il servo di Dio abbia eventualmente mancato contro la giustizia verso Dio (per es., doppiezza ed ipocrisia di vita, vanagloria, ricerca di sé, mancanza di gratitudine verso il Signore, pavidità, rispetto umano, ecc.).

21. *Giustizia verso il prossimo*

a) Lealtà e rettitudine del servo di Dio nei rapporti con il prossimo, soprattutto negli anni della maturità.

b) Sensibilità e sollecitudine del servo di Dio per i beni spirituali, i diritti sociali e le necessità materiali del prossimo.

c) Esercizio abituale della giustizia da parte del servo di Dio verso le persone a lui legate da vincoli particolari (per es., familiari, superiori, dipendenti, amici, confratelli, compagni di lavoro, ecc.).

d) Circostanze di tempo, di luogo e di persone relative ad eventuali mancanze del servo di Dio nell'esercizio della giustizia verso il prossimo (per es., appropriazioni indebite, giudizi temerari, menzogna, maldicenza, calunnia, violazione del segreto naturale e professionale, abuso o trascuratezza nell'esercizio del potere, ecc.). Modalità dell'eventuale riparazione.

22. *Fortezza*

a) Circostanze di tempo e di luogo nelle quali il servo di Dio cominciò a manifestare, con fermezza e costanza, un deciso orientamento verso Dio.

b) Difficoltà, prove e sofferenze, ordinarie e straordinarie, incontrate dal servo di Dio nei vari periodi della vita.

c) Difficoltà e sofferenze del servo di Dio nell'ultimo periodo della vita e specialmente in prossimità della morte; serenità di spirito, conformità al volere divino, pazienza, costanza manifestate dal servo di Dio nelle circostanze predette.

d) Circostanze nelle quali il servo di Dio abbia eventualmente mancato contro la virtù della fortezza, sia per difetto che per eccesso (per es., pavidità, incostanza, impazienza, presunzione, orgoglio).

23. *Temperanza*

a) Esercizio della virtù della temperanza da parte del servo di Dio negli anni della giovinezza, della maturità e dell'ultimo periodo della vita; controllo e dominio raggiunti sulle proprie inclinazioni naturali e passioni; incidenza ed effetti di tale dominio sul temperamento naturale del servo di Dio.

b) Stile abituale di vita del servo di Dio relativamente al lavoro, all'abitazione, alla cura della propria persona, al vitto, al sonno, ecc.

c) Mezzi, ordinari e straordinari, adoperati dal servo di Dio per conseguire l'abito virtuoso della temperanza.

d) Eventuali mancanze ed eccessi del servo di Dio nell'esercizio della temperanza (per es., relativamente alla virtù della modestia, clemenza, mansuetudine, verecondia, continenza, sobrietà, ecc.).

C. VIRTÙ SPECIALI

24. *Povertà*

Si verifichi come il servo di Dio, nelle modalità proprie del suo stato e alla sua condizione di vita, abbia manifestato spirito evangelico di distacco da se stesso, dagli onori, dalle ricchezze mondane e dai beni terreni; quale sia stato il suo atteggiamento abituale e concreto nell'uso dei beni materiali.

25. *Obbedienza*
Si verifichi come il servo di Dio, nelle modalità proprie al suo stato e alla sua condizione di vita, abbia esercitato la virtù della obbedienza nell'ambito familiare, professionale, sociale, ecclesiale; eventuali circostanze straordinarie relative all'esercizio dell'obbedienza da parte del servo di Dio.

26. *Castità*
Si verifichi come il servo di Dio, nelle modalità proprie al suo stato e alla sua condizione di vita, abbia esercitato la virtù cristiana della castità; circostanze nelle quali tale virtù si sia espressa più chiaramente.

27. *Umiltà*
Si verifichi come il servo di Dio, nelle modalità proprie al suo stato ed alla sua condizione di vita, abbia manifestato spirito di umiltà e di semplicità evangelica; comportamenti del servo di Dio particolarmente significativi nell'esercizio dell'umiltà cristiana.

V. Grado delle virtù del Servo di Dio

28. Si domandi al teste di formulare, sul fondamento dei fatti da lui stesso ricordati, un giudizio sul grado e sulla rilevanza delle virtù esercitate dal servo di Dio. In particolare si approfondisca:

a) se, nell'esercizio delle virtù cristiane, il servo di Dio abbia manifestato equilibrio, costanza, prontezza e diletto spirituale;

b) se le virtù esercitate dal servo di Dio presentino caratteristiche non comuni e, nel caso, quali esattamente.

VI. Grazie di orazione, doni carismatici e fenomeni straordinari

29. La vita di orazione del servo di Dio. Esperienza contemplativa. Grazie speciali di orazione (senso di Dio, gusto delle Sacre Scritture, penetrazione sapienziale dei misteri, senso della presenza e dell'azione del Signore, percezione della sua inabitazione...).

30. Eventuali doni carismatici, fatti preternaturali e fenomeni straordinari e loro natura (estasi, visioni, rivelazioni, profezia, scrutazione dei cuori, stimmate, dono delle guarigioni, ecc.).

Connessione tra la vita di orazione e tali doni.

Come si sono conosciute tali cose e quale era l'atteggiamento del servo di Dio a loro proposito.

Circostanze di tempo, di luogo e di persone nelle quali si verificarono i suddetti fenomeni; loro risonanza ed influsso nella vita del servo di Dio e del popolo.

Opinione ed atteggiamento del popolo e specialmente dell'autorità ecclesiastica verso tali fenomeni.

Eventuali perizie scientifiche circa i suddetti fenomeni.

VII. Fama di santità o di martirio

31. In vita.– Opinione goduta dal servo di Dio nelle varie fasi della sua vita; periodo e luoghi dell'origine e dello sviluppo della fama di santità; sue manifestazioni.

Fondamento della fama di santità (virtù).

Persone favorevoli e contrarie circa la fama e il fondamento di essa; relativo atteggiamento dell'autorità ecclesiastica.

32. In morte.– Concorso di popolo e di autorità alle esequie del servo di Dio; pubblici riconoscimenti della fama di santità da parte di autorità, privati, associazioni, ecc.; concrete manifestazioni di venerazione nei riguardi del servo di Dio.

33. Dopo morte.– Continuità, sviluppo e solidità della fama di santità o del martirio; sue note caratteristiche (per es., spontanea o procurata ad arte, unanime o controversa, diffusa o limitata, continua e crescente o diminuita col passar del tempo, ecc.); atteggiamento delle autorità ecclesiastiche.

34. Verificare se e in che misura e frequenza si è ricorso ai mass–media per diffondere notizie del servo di Dio, delle sue virtù e la fama di eventuali grazie–miracoli attribuiti alla sua intercessione; se è stato pubblicato un bollettino speciale sulla Causa, in quante lingue, in quante copie.

35. Chiedere al teste circa eventuali manifestazioni di culto ecclesiastico abusivo entro e fuori i luoghi sacri (per es., liturgie, tridui e novene pubbliche in onore del servo di Dio, processioni, pubblica esposizione di reliquie o immagini, ecc.)[2].

[2] Il Vescovo (o il suo Delegato), previa ispezione del sepolcro del servo di Dio e dei luoghi dove si presume possano esserci segni di culto pubblico, con una apposita «Dichiarazione» informerà circa il «non culto» in quei luoghi. Oggi però, non va considerato come segno di culto pubblico ciò che è semplicemente segno comune di pietà verso i defunti. Gli eventuali ex-voto, invece, sono qualcosa fuori dell'ordinario, e possono costituire una prova della fama di santità del servo di Dio, vanno quindi raccolti e conservati (Decr. del 2 ott. 1625, in *Decreti di Urbano VIII*).

VIII. Grazie attribuite alla intercessione del Servo di Dio

36. Grazie speciali e favori attribuiti alla intercessione del servo di Dio: relative circostanze di tempo, di luogo e di persone.

Conclusa la lettura della intera deposizione, rilasciata dal teste, gli si dia modo di aggiungere, correggere o sopprimere quanto creda opportuno su quanto ha deposto circa la vita, le virtù e la fama di santità e di miracoli del servo di Dio.

Appendice IV

INTERROGATORIO DEI TESTI SUI PRESUNTI MIRACOLI

Prima della entrata in vigore della vigente legislazione (1983), l'inchiesta sui presunti miracoli veniva fatta *auctoritate apostolica;* per l'occasione, la Congregazione, in base agli «Articoli» del Postulatore della causa, curava la stesura degli Interrogatori specifici per l'esame dei testi.

Attualmente, tale inchiesta è di competenza del Vescovo diocesano, nel cui territorio è avvenuto il fatto prodigioso, e gli Interrogatori per l'esame dei testi vengono preparati dal Promotore di Giustizia, aiutato da un perito tecnico.

Per aiutare chi dovesse redigere gli Interrogatori su una presunta guarigione miracolosa, riportiamo qui un Pro–memoria sulle «Esigenze medico–legali» in queste inchieste (v. *infra, A*), redatto, su nostra richiesta, dall'allora (1982) Segretario della Consulta Medica della Congregazione, il compianto Dott. Marcello Meschini, Specialista in Medicina Legale.

Riportiamo inoltre alcuni Interrogatori medici (scelti tra quelli redatti dallo stesso Dott. Meschini), che possono servire come esempio per le indagini su casi appartenenti alle tre branche principali (medica, chirurgica, traumatologica) (v. *infra, B, C, D*).

A)
Esigenze medico–legali per la ricostruzione dei casi clinici proposti per il riconoscimento della extranaturalità della sanazione

Per l'adeguata ricostruzione dei casi clinici in titolo l'indagine dovrà essere spiccatamente personalizzata, poiché ogni soggetto ed ogni malattia posseggono peculiarità di rilevanza medico–legale.

Tenendo presente che i procedimenti diagnostici nelle branche cliniche sono induttivi, mentre la metodica medico–legale è strettamente deduttiva, qui di seguito si evidenziano i principali argomenti che dovranno essere trattati dall'inchiesta sanitaria locale. *Di essi non potrà essere fatto a meno,* mentre ad essi potranno essere affiancati tutti quegli aspetti particolari che costituiscono ogni caso clinico («non esistono malattie, ma malati»).

La inevitabile prolissità che deriva dalla trattazione in generale di casi particolari, potrà essere attenuata dalla scelta delle alternative che riguardano ogni singolo caso.

1. *L'anamnesi familiare* dovrà essere ricostruita interrogando in proposito il maggior numero di testi possibili, non tecnici e tecnici, ma specialmente da questi ultimi si potrà apprendere se nella famiglia del sanato esistevano tare psico–fisiche o malattie ereditarie (l'indagine dovrà essere estesa ai genitori del sanato, agli altri parenti stretti di quest'ultimo, ai collaterali ed agli ascendenti fin dove possibile). La raccolta dell'anamnesi familiare dovrà essere più minuziosa nei casi di competenza medica rispetto a quelli di competenza chirurgica, anche perché in quest'ultimo caso la diagnosi differenziale può essere condotta anche sulle osservazioni fatte al tavolo operatorio, sui prelievi istologici, ecc. Ovviamente numerose ed opportune domande dovranno essere rivolte al sanato (se superstite) in merito alle più importanti malattie che colpirono la sua famiglia o gli ascendenti o i collaterali.

2. *L'anamnesi personale remota* del sanato dovrà comprendere tutte le malattie che colpirono il soggetto *prima* della malattia o dei traumi che si ritengono prodigiosamente sanati. Anche in questo caso l'indagine potrà anche comprendere testi non tecnici, ma soltanto il sanato ed i medici curanti (salvo rare eccezioni) saranno in grado di ricostruire un'anamnesi personale remota abbastanza soddisfacente. Sarà il caso di confrontare quest'ultima con le eventuali notizie fornite dall'ammalato in occasione della redazione di cartelle cliniche ospedaliere.

3. *L'anamnesi prossima* dovrà raccogliere tutte le notizie che sarà possibile acquisire in merito alla malattia o al trauma che sono allo studio per l'eventuale riconoscimento della caratteristica extranaturale della sanazione.

In caso di malattie: quali furono i primi sintomi, decorso della febbre, comportamento dell'apparato cardiocircolatorio, esame obbiettivo dei vari organi e apparati, risultato delle analisi di laboratorio routinarie o speciali, degli esami radiologici, elettrocardiologici, elettroencefalografici, ecc. (a seconda dei casi).

Importanissime sono le notizie circa il decorso della malattia nel periodo di maggiore gravità, precisando se fu espressa o meno prognosi infausta e, nel caso specifico, da quali particolari sintomi essa era motivata. Dovranno essere particolareggiatamente riferite tutte le cure effettivamente eseguite, specificando (possibilmente) il nome di tutti i medicinali usati, la dose singola e complessiva di essi somministrata, la via d'introduzione, il periodo di tempo in cui vennero somministrati, le eventuali reazioni favorevoli o sfavorevoli conseguenti all'uso di essi. Riferendo in merito alle emotrasfusioni non ci si dovrà limitare ad indicare il numero di esse, ma si dovranno specificare le date di esecuzione, le singole dosi somministrate e l'effetto da esse prodotto.

In caso di traumi: precisare la «dinamica traumatica» (cioè la reciproca posizione del corpo del soggetto e dell'oggetto traumatizzante al momento del trauma), tutti i referti ospedalieri (di Pronto Soccorso e di diagnosi di accettazione), le notizie fornite da testimoni oculari sui momenti di maggiore gravità (indicandone la motivazione) e all'atto della guarigione.

Tanto in caso di malattia quanto in caso di traumi vengono riferite le modalità di trasporto in eventuale luogo di cura, il tempo occorso per giungervi, gli eventuali successivi trasferimenti in differenti reparti della stessa casa di cura o in altra istituzione. In ognuno di questi casi dovranno essere riferite le generalità dei sanitari che ebbero in cura il soggetto, dettagliandone la qualificazione professionale (specializzazioni, incarichi ospedalieri o universitari) e la fama (positiva o negativa) goduta dai predetti sanitari nell'ambiente medico (ciò al fine dell'attendibilità attribuibile alla diagnosi e prognosi espresse dai sanitari in argomento).

Dovranno essere fornite notizie anche in merito all'esistenza, nel sanato, di particolare *emotività* e/o suggestionabilità, sia che siano esistite o meno malattie personali o familiari di carattere psichiatrico.

4. Notevole rilevanza medico–legale possiede l'acquisizione di tutte *le cartelle cliniche* che vennero redatte durante la cura dell'ammalato. In proposito si ricorda:

a) che occorre non soltanto la diagnosi di entrata e quella di uscita, oltre alla data d'ingresso e di dimissione; occorre, invece, che ogni cartella clinica sia completa e cioè corredata di tutti gli intercalari evidenzianti il decorso giornaliero della febbre e dei sintomi, le modificazioni delle cure effettuate, il risultato di esse, le varie indagini eseguite;

b) che quasi in tutte le nazioni vi è obbligo di conservare (per motivi di spazio) le cartelle cliniche soltanto per dieci anni.

In caso d'*interventi chirurgici* la completezza della cartella clinica permetterà di venire in possesso della descrizione particolareggiata dell'intervento eseguito e delle constatazioni fatte, sul corpo dell'ammalato, durante l'esecuzione di esso. Analogamente dicasi per quanto riguarda gli eventuali esami istologici. Le notizie dovranno essere raccolte non soltanto presso l'operatore ma, anche se esso sopravvive, anche dal suo aiutante al tavolo operatorio, dall'intera équipe chirurgica e dalla capo–sala e dall'infermiera che ebbero diretta cura dell'ammalato. Richiedere, in particolare: quale fu l'aspetto del campo operatorio dopo l'apertura di esso, se le osservazioni intra–operatorie confermavano o contraddicevano la diagnosi espressa prima dell'intervento, se ne conseguirono modificazioni della prognosi. Non dovrà essere dimenticata la durata dell'intervento ed il comportamento del soggetto nelle ore e nei giorni ad esso immediatamente successivi.

5. *Cronologia:* sarà essenziale la raccolta degli elementi il più abbondanti ed il più precisi possibile allo scopo di un valido riferimento cronologico delle singole fasi della malattia e della guarigione. Essenziali la precisa data dell'inizio della malattia o delle lesioni traumatiche, la data (possibilmente anche giorno e ora) di eventuali sintomi di particolare aggravamento o di miglioramento, quella dell'inizio e della fine delle preghiere al servo di Dio, modalità cronologiche della guarigione, parzialità o totalità del recupero delle preesistenti attività, eventuale persistenza di eventuali deficit (anche se parziali) o di sintomatologia dolorifica, precisazione della durata della persistenza di tale sintomatologia post–sanationem.

6. *Parere dei medici curanti.* I medici curanti (sui quali dovrà essere riservatamente riferito in merito alle peculiarità sopra indicate) dovranno essere interrogati sugli elementi a sostegno di una eventuale prognosi infausta, della possibilità di recidive, della incompletezza della guarigione, delle modalità (specialmente cronologiche) di essa.

7. *Risultato dei controlli dopo la sanazione.* Dovrà essere riferito circa il risultato di tutti i controlli eventualmente eseguiti a conferma della guarigione, affidando ad un medico, particolarmente qualificato nella branca cui la malattia (o il trauma) in valutazione appartiene, l'incarico d'indagare circa lo stato attuale del soggetto[1].

8. *Certificazione anagrafica.* In caso di successivo decesso del sanato per altra malattia (o trauma) occorre acquisire il certificato necrologico depositato presso l'autorità comunale locale e contenente esplicitamente la causa di morte.

9. *Statistiche e bibliografia.* Nei casi che non facciano parte dell'abituale pratica medica sarà opportuno raccogliere recenti statistiche elaborate su casi analoghi a quello in valutazione. Ciò per poterne ricavare le percentuali constatate di guarigione naturale o in seguito a determinati interventi o

[1] Le *Normae* del 7 febbraio 1983, al num. 34b, prescrivono che la persona sanata, se è ancora in vita, venga sottoposta ad una visita di controllo da parte dei periti d'ufficio. Nella norma non è espressamente indicato il numero di periti, ma poiché si parla di periti in plurale, essi devono essere almeno due; questa è anche la costante prassi.

cure farmacologiche. Meglio ancora se, a sostegno delle predette statistiche, verrà raccolta autorevole e molto recente bibliografia.

B)
Interrogatorio per un caso di medicina

(Questo Interrogatorio è servito nell'inchiesta riguardante la guarigione della Signora M.M. da «poliartrite cronica, con perdita irreversibile della funzionalità di tutte le articolazioni interessate», con prognosi «infausta quoad valetudinem».)

Premesse le domande «circa la persona del teste» (analogamente a quanto richiesto sopra, nell'Appendice III, num. 1-4):

5. Si domandi al teste:

a) Nome, cognome, età, domicilio della sanata M.M.

b) La malattia che si asserisce guarita miracolosamente.

c) Il tempo in cui è avvenuta l'asserita guarigione miracolosa.

6. Dica il teste se ha presso di sé qualche documento o attestato relativo alla guarigione in questione e lo esibisca.

— Si domandi al teste:

7. Qual'è l'*anamnesi familiare* della signora M.M.? In altre parole: il teste è in grado di riferire in merito alle più importanti malattie che colpirono i *genitori* della sanata o altri suoi prossimi parenti?

In particolare: il teste è a conoscenza se nella famiglia della sanata si siano manifestate *malattie mentali* o *epilessia?* In caso affermativo il teste fornisca ogni particolare a sua conoscenza sia sul soggetto colpito, sia sulla diagnosi, sia sull'evoluzione della malattia.

Ed in ogni sua asserzione il teste indichi tutte le circostanze e le fonti della sua scienza. (Ciò vale per tutte le questioni che seguono!)

8. Qual'è l'*anamnesi personale remota* della sanata? In altre parole: fino a quale data la signora M.M. godette di buona salute? Quali malattie sofferse *prima* di quella dalla quale si ritiene che essa sia stata prodigiosamente guarita nell'agosto del 1981? Fino a quale anno fu possibile alla sanata svolgere la sua normale attività lavorativa? Dopo tale data quali sintomi morbosi furono evidenti? A quale medico ricorse l'ammalata? Quale diagnosi egli fece? Quali cure prescrisse? Quale risultato ebbero le cure?

9. Qual'è l'*anamnesi personale prossima* della signora M.? In altre parole: quale fu la principale malattia della quale la sanata soffrì negli ultimi dieci anni? In particolare: quale era il funzionamento delle varie articolazioni? Più precisamente: le articolazioni dell'anca, delle ginocchia, dei gomiti, dei polsi, delle dita, delle spalle, della colonna vertebrale quali disturbi presentavano? Era possibile la deambulazione, sia pure con appoggio? Era possibile la posizione seduta? La malata poté trovare vantaggio dall'uso di

una sedia a rotelle? In caso negativo: perché la sedia a rotelle non poté essere usata?

La malata dovette ridursi a stare continuamente a letto? In caso affermativo: ciò avvenne per qualche periodo o quotidianamente? In quest'ultimo caso: da quale data? La malata si recava autonomamente a provvedere alle proprie necessità corporali o doveva essere aiutata? Fu mai possibile all'ammalata lasciare la propria abitazione? In particolare: quando un figlio dell'ammalata si sposò, la signora M. poté intervenire alla cerimonia? In caso affermativo: quale posizione la malata assunse durante il viaggio e durante lo svolgimento del rito? In qual modo dovette essere aiutata? Quando (almeno l'anno) ciò avvenne?

10. Poiché risulta che la sanata ottenne la *pensione dall'Istituto di Previdenza Sociale* (INPS), il teste conosce dove avvennero gli accertamenti sanitari? La visita medica avvenne presso gli uffici dell'INPS o a domicilio dell'invalida? In ogni caso: quali furono le diagnosi che motivarono il riconoscimento dell'invalidità? Quando ciò avvenne?

11. Vi furono ricoveri ospedalieri? In caso affermativo: dove avvennero? Quando? Con quale mezzo la malata fece i viaggi per andare e per tornare dagli ospedali? Durante le degenze quali accertamenti vennero eseguiti? Con quale risultato? Quali furono le diagnosi che vennero fatte a conclusione delle degenze? In particolare: oltre alla malattia articolare furono evidenziate anche altre malattie? In caso affermativo: di quali altre malattie si trattò? Quali cure vennero eseguite durante la degenza? Con quale risultato? Tornata in famiglia l'ammalata poté riprendere qualche attività, sia pure soltanto domestica? Le era possibile tenere la posizione seduta?

12. Quali furono i *medici* che ebbero in cura la signora M. a S. Calogero? (Il teste ne indichi il nome e cognome e, possibilmente, gli anni in cui essi ebbero in cura l'ammalata).

Conosce il teste *le cure* che vennero prescritte e quale fu il risultato che esse raggiunsero? Poco prima della guarigione che si ritiene avvenuta prodigiosamente, le medicine erano state cambiate? In caso affermativo: quali furono le nuove medicine che la malata ricevette? Da quale data ne aveva cominciato a fare uso? Per quale via d'introduzione (endovena, intramuscolare, per supposte o per bocca)?

13. Vennero rivolte *preghiere* per ottenere la guarigione dell'inferma? In caso affermativo: a chi furono rivolte? Da parte di chi? A partire da quale data? Si chiedeva di ottenere la guarigione completa dell'ammalata o per ottenere la guarigione solo di una determinata malattia? In quest'ultimo caso: per la guarigione di quale malattia si pregava?

L'ammalata riferì di aver avuto assicurazioni che, in una determinata data, sarebbe guarita? In caso affermativo: da chi avrebbe avuto tali assicurazioni? A chi l'ammalata lo riferì?

14. Con quali *modalità* avvenne la guarigione? In altre parole: come,

precisamente, si svolsero i vari fatti che, nel loro complesso, costituirono il raggiungimento della guarigione? Quando ciò avvenne? Chi era presente? La funzionalità di varie articolazioni ammalate venne raggiunta in parte o completamente? La riattivazione fu graduale o istantanea? Quando (anno, mese, giorno e ora) la sanata poté uscire di casa e camminare senza appoggio?

15. Chi fu il *medico che, per primo, constatò l'avvenuta guarigione?* Quando ciò avvenne (anno, mese e giorno)? Che cosa egli constatò? Tutte le articolazioni ammalate avevano ripreso la completa funzionalità? In quale stato era la muscolatura? Era possibile la posizione eretta? Il tronco poteva flettersi? Vi erano disturbi dell'equilibrio? Era possibile la deambulazione autonoma oppure era possibile con appoggio oppure era impossibile?

Oltre al medico che per primo ebbe la possibilità di constatare la guarigione, altri sanitari controllarono, dopo la guarigione, la sanata? In caso affermativo: chi furono? Quando controllarono la sanata? Che cosa constatarono?

16. (Per i testi tecnici) Dica il teste se il fatto in esame, secondo la sua scienza ed esperienza, possa essere spiegato naturalmente.

17. (Per i testi non tecnici) Dica il teste se il fatto in esame possa essere, a suo giudizio, spiegato naturalmente.

18. *Attualmente* la sanata in quali condizioni generali si trova? Come funzionano le sue articolazioni? Sono possibili le attività domestiche? Sono possibili le attività lavorative? Ha avuto ricadute della malattia dalla quale si ritiene prodigiosamente guarita? Oppure ha avuto altre malattie? In quest'ultimo caso: tali malattie erano preesistenti alla guarigione dalla poliartrite o sono insorte dopo la guarigione di essa? Attualmente devono essere proseguite cure medicamentose? In caso affermativo: di quali medicinali si tratta? Chi li ha prescritti? In quali dosi? Per quale via d'introduzione?

19. Sono stati eseguiti *controlli* radiologici, elettrocardiologici, elettroencefalografici? In caso affermativo: quando? Dove? Con quale risultato? Sono in programma ulteriori controlli? In caso affermativo: quali controlli dovranno essere ripetuti?

20. Vi fu o vi è qualche medico, bene al corrente del caso clinico, che ritenne o ritiene che la guarigione in argomento sia *spiegabile per mezzo delle forze naturali?* In caso affermativo: qual'è il nome del medico o dei medici che ebbe o ha (ebbero o hanno) tali convinzioni?

Oppure vi è qualcuno che pose o pone in dubbio l'esattezza della diagnosi della malattia che si ritiene essere stata prodigiosamente guarita? In caso affermativo: quale altra diagnosi viene, invece, formulata?

21. Qualora si tratti di persone già defunte (sanata o testi) o che, per giusti motivi, non possono venir sottoposte ad esame, si esigano dal Postulatore della Causa documenti autentici, da inserire negli atti, per mezzo dei quali sia debitamente provata la morte, od il legittimo impedimento che renda impossibile la escussione delle predette persone.

22. Si domandi al teste se abbia qualcosa da aggiungere, da correggere, o da dichiarare, sia perché intorno a quel particolare argomento non sia stato in special modo interrogato, o perché quella circostanza gli si sia presentata dopo alla memoria.

Se il teste avrà dato risposta affermativa, riferisca tutto in modo particolareggiato e chiaramente, indicando le singole circostanze e la fonte della sua scienza.

C)
Interrogatorio per un caso di chirurgia

(Questo Interrogatorio è stato redatto per l'inchiesta su una guarigione da tumore maligno dell'omero destro sottoposto ad intervento chirurgico con biopsia — «mieloma plasmocitario» — e successivo trattamento radioterapico, con ricomparsa della sintomatologia dolorosa locale dopo un anno.)

Le domande 1-6 sono come quelle nel precedente Interrogatorio.

7. Qual'è l'*anamnesi familiare* della signora A. M. P.? In altre parole: il teste ha conosciuto personalmente i genitori o altri parenti prossimi della sanata o, comunque, è in grado di riferire qualche particolare circa la loro salute? Nel caso che il teste sia a conoscenza di malattie gravi (a lungo o a breve decorso) che abbiano colpito tali familiari della sanata, indichi le generalità della persona ammalata o deceduta in conseguenza delle malattie riferite, specificando il nome di esse e descrivendone le manifestazioni ed il decorso. In ogni caso il teste precisi se si trattò di malattie sicuramente accertate (da chi, quando, con quali accertamenti) o semplicemente sospettate (ugualmente indicando da chi e quando).

In particolare: il teste è a conoscenza se nella famiglia di provenienza della sanata si siano verificate malattie di natura tumorale. In caso affermativo: quale organo venne colpito? In quale anno? Quanto tempo durò la malattia? Quale esito ebbe? Chi fu il medico che la curò?

Ed in ogni sua asserzione il teste indichi tutte le circostanze e la fonte della sua scienza.

8. Qual'è l'*anamnesi personale patologica remota* della sanata? In altre parole: nella prima infanzia vi erano state malattie di una qualche gravità? In caso affermativo: in quanto tempo erano state superate tali malattie? Con quali cure? Con quali eventuali esiti?

9. Qual'è l'*anamnesi personale patologica prossima* della sanata? In particolare: fino a quale data la signora A. M. P. godette di buona salute? Il teste conosce quando cominciarono a manifestarsi i primi sintomi della malattia che si ritiene essere stata guarita per intercessione della Serva di Dio C. M.?

Quali erano i sintomi? In quale parte del corpo si era sviluppata la malattia? Quest'ultima era visibile esternamente? Vi erano dolori? Vi erano gonfiori? Vi erano impedimenti nella funzione dell'arto? Chi fu il medico che per primo prese in cura l'ammalata? Quali accertamenti e quali cure egli prescrisse? Quale fu il risultato degli accertamenti? Quale fu il risultato delle cure? In particolare: furono eseguiti esami radiologici? In caso affermativo: quando? Chi li eseguì? Con quale risultato?

L'ammalata venne *ricoverata in ospedale?* In caso affermativo: quando? Per quanto tempo? Chi furono i medici ospedalieri ai quali l'ammalata venne affidata? Quale fu la diagnosi di ammissione in ospedale e quella di dimissione? Durante tale o altra degenza venne eseguito un *esame istologico?* In caso affermativo: quando? Con quale risultato? Il risultato degli esami radiologici e quello dell'esame istologico furono sufficienti per raggiungere una diagnosi di certezza? In caso affermativo: di quale diagnosi si trattava? In caso negativo: quali elementi di dubbio non permettevano di raggiungere una diagnosi di certezza?

L'ammalata venne sottoposta ad *intervento chirurgico?* In caso affermativo: in quale ospedale? Quando? Chi lo eseguì? Le constatazioni fatte durante l'intervento furono sufficienti per raggiungere una diagnosi di certezza? Fu prelevato materiale allo scopo di eseguire un esame istologico? In caso affermativo: quale risultato ebbe tale esame? Tale esame fornì elementi di certezza per poter raggiungere una precisa diagnosi di natura o conteneva elementi di dubbio a tale riguardo?

10) La *diagnosi* derivante dagli esami radiologici, da quelli istologici e dalle constatazioni fatte dai chirurghi durante l'intervento, venne comunicata al medico curante dell'ammalata, a quest'ultima o a parenti di essa? In ogni caso il teste precisi di quale diagnosi si trattò, a chi venne comunicata, da chi e quando.

Fra i chirurghi che avevano eseguito l'intervento vi fu concordia circa la diagnosi o vi furono pareri diversi? In quest'ultimo caso: a quale altra diagnosi erano favorevoli i sanitari che dissentivano da quella comunicata ufficialmente?

11) Quale fu la *prognosi* derivante da tale diagnosi e dalle condizioni locali e generali dell'ammalata? In particolare: per quanto tempo si previde la sopravvivenza dell'ammalata dopo l'intervento? Vi fu concordia o discordia, in merito alla prognosi, fra i medici bene al corrente del caso clinico? (Se possibile, il teste riferisca le varie opinioni dei medici, ricordando il nome di essi).

12) Come si svolse il *decorso post–operatorio?* Per quanto tempo, dopo l'intervento chirurgico, la malata rimase ricoverata in ospedale? Dopo la dimissione, la malata quante volte tornò in ospedale per farsi controllare? O vi tornò soprattutto per ricevere *applicazioni?* In quest'ultimo caso: di quale tipo esse furono? Quante applicazioni, complessivamente, vennero

fatte? Ricorda il teste in quali dosi singole e fino a quale dose complessiva esse vennero eseguite? Chi le eseguì? Dove? Con quale risultato? Vi furono fenomeni d'intolleranza alle radiazioni? Completato il trattamento, a quale sanitario venne affidato il controllo dell'ammalata?

13) Vi fu chi consigliò alla signora A. di non avere figli? In caso affermativo: chi fu? Tanto l'ammalata quanto il di lei marito erano a conoscenza della precisa diagnosi? In particolare: essi erano a conoscenza che si trattava di un tumore maligno e a prognosi infausta?

La signora A., invece, rimase incinta? Iniziatasi la *gravidanza,* nell'arto ammalato ricomparvero dolori o altri disturbi esistenti prima dell'intervento o disturbi nuovi? La gravidanza venne condotta a termine? In caso negativo: la gravidanza s'interruppe spontaneamente? In caso affermativo: quando avvenne ciò? A quale mese di gravidanza? In seguito vennero prescritti contraccettivi? In caso affermativo: chi li prescrisse? Tali anticoncezionali vennero presi sistematicamente o irregolarmente? La signora A. rimase di nuovo incinta? Anche indipendentemente dalla gravidanza, quali cure mediche, precisamente, vennero somministrate all'ammalata dopo l'intervento chirurgico? Per quanto tempo vennero effettuate? Ad un certo momento vennero completamente sospese? In caso affermativo: quando ciò avvenne? Per iniziativa di chi?

14) Per ottenere la guarigione dell'ammalata, vennero rivolte *invocazioni?* In caso affermativo: a chi? Chi le rivolse? In qual modo? A cominciare da quale data? Per quanto tempo?

Le preghiere vennero rivolte esclusivamente alla Serva di Dio M. C. oppure anche ad altri Servi di Dio? Al momento dell'inizio delle preghiere quali erano le condizioni dell'ammalata? Il teste riferisca ogni particolare a sua conoscenza sia circa le condizioni generali dell'ammalata sia circa le condizioni dell'arto ammalato sia circa le eventuali risultanze di esami di laboratorio (analisi) o di esami radiologici eventualmente eseguiti poco prima dell'inizio delle preghiere. Il teste riferisca anche i giudizi prognostici eventualmente espressi in epoca prossima a tale circostanza, ricordando chi ebbe ad esprimerli.

15) *Prima dell'inizio delle preghiere* l'ammalata aveva già qualche segno di miglioramento? In caso affermativo: quale? Sempre in tal caso: il miglioramento era stato rilevato da qualche medico? In caso affermativo: quale medico? Quando? (Possibilmente riferire la data precisa o approssimata al massimo).

Durante le preghiere vi fu qualche miglioramento? Se sì: quale? Da chi fu rilevato? Quando?

Alla fine delle preghiere in quali condizioni generali e locali si trovava l'ammalata?

Riassumendo *la successione cronologica* degli avvenimenti: fino a quale data la malattia continuò a progredire? In quale data si osservò un primo miglioramento? Vi erano state nuove cure? In caso affermativo: di quali cure si trattò? Sia in caso che vi siano state nuove cure sia in caso che non vi siano state: si trattò di un miglioramento lento e graduale, di un miglioramento rapido oppure rapidissimo? *Quando l'ammalata fu ritenuta guarita?* La guarigione è motivatamente ritenuta dai medici completa e permanente o soltanto temporanea? In quest'ultimo caso: quali sono le previsioni dei medici circa il futuro della sanata? In altre parole: sono prevedute recidive? In caso affermativo: il periodo di tempo trascorso dall'apparente guarigione è ancora troppo breve per poter sostenere la permanenza della guarigione? In caso affermativo: chi ha espresso tale previsione e quando? Dinanzi a chi? Quale programma di cure e di controlli è stato prescritto in tale previsione?

Dopo la guarigione è stata eseguita qualche cura o sono state effettuate altre applicazioni? In caso affermativo: di quali cure o di quali applicazioni si è trattato? Nell'un caso e nell'altro: quando furono iniziate e terminarono o termineranno? Sempre dopo la guarigione: è stato eseguito qualche controllo? In caso affermativo: di che genere? Quando? Con quale risultato?

16) Vi fu o vi è qualche sanitario, bene al corrente del caso clinico, che ritenne o ritiene che la guarigione sia *spiegabile secondo le leggi naturali o per merito delle cure eseguite?* In caso affermativo (indicare il nome del sanitario): tale spiegazione della guarigione concerneva la guarigione in sé o le modalità con le quali si svolse?

In particolare (se trattasi di teste tecnico): è a conoscenza del teste che casi del tutto analoghi a quello riferito per natura della malattia e per cure effettuate, in un dato momento della loro evoluzione si siano risolti favorevolmente per qualche anno o definitivamente?

È stata posta in *dubbio* l'esattezza della diagnosi specie per quel che concerne la natura maligna della malattia e la conseguente prognosi infausta? Oppure il dubbio concerne l'extranaturalità della guarigione a causa del modo con cui essa si svolse, la efficacia delle cure chirurgiche e di quelle mediche, la inesistente completezza o permanenza della guarigione stessa? (Il teste riferisca, se possibile, ogni particolare a sua conoscenza in merito a tali obbiezioni tecniche sulla extranaturalità della sanazione).

17) (Per i testi tecnici) Dica il teste se il fato in esame, secondo la sua scienza ed esperienza, possa essere spiegato naturalmente.

18) (Per i testi non tecnici) Dica il teste se il fatto in esame possa essere, a suo giudizio, spiegato naturalmente.

19) *Attualmente* la sanata riceve cure? In caso affermativo: quali medicinali vengono dati all'ammalata? Chi li ha prescritti? L'uso di tali medicinali quando è iniziato? Per quanto tempo, con quali modalità (continuativamente o a cicli) ed in quali dosi si continuerà ad usare tali medicinali?

È a conoscenza del teste che la sanata presenti attualmente *esiti mor-*

bosi, anatomici o funzionali, della pregressa malattia che si ritiene guarita? Quali sono le condizioni generali della sanata?

20) A quando rimontano gli *ultimi controlli* cui è stata sottoposta la sanata? Di quali controlli si è trattato? Chi li ha eseguiti? Quando? Con quale risultato? È già stata stabilita la data di controlli ulteriori?

21) Successivamente alla sanazione riferita, la sanata ha sofferto di *altre malattie?* In caso affermativo: di quali malattie si è trattato? Quando esse iniziarono e quando terminarono? Che decorso ebbero? Quale esito? Si è mai trattato di malattie da porsi in qualche modo in rapporto con quella in esame e che si ritiene prodigiosamente guarita?

22) Si domandi al teste se abbia qualcosa da aggiungere, da correggere o da dichiarare, sia perché intorno a quel particolare argomento non sia stato in special modo interrogato, o perché quella circostanza gli si sia presentata dopo alla memoria.

Se il teste avrà dato risposta affermativa, riferisca tutto nei particolari e chiaramente, indicando le singole circostanze e la fonte della sua scienza.

D)
Interrogatorio per un caso di traumatologia

(Il presente questionario fu redatto per l'inchiesta sulla guarigione del dott. R. E. C. da «frattura mielica di L1 con paralisi completa dell'arto inferiore destro, subtotale dell'arto inferiore sinistro, disturbi sfinterici», con prognosi «riservata quoad vitam, *molto riservata* quoad valetudinem»*).*

Le domande 1-6 come sopra, sotto B) e C).

7) Qual'è l'*anamnesi familiare* del sanato? (Il teste riferisca in merito alle più importanti malattie che colpirono i genitori del sanato o altri suoi parenti prossimi).

E in ogni sua asserzione il teste indichi tutte le circostanze e la fonte della sua scienza.

8) Qual'è l'*anamnesi personale remota* del sanato? (Il teste riferisca in merito alle malattie sofferte dal sanato *prima* dell'incidente avvenuto il 17 sett. 1977 a bordo della nave «Jet Caribe»).

9) Qual'è l'*anamnesi prossima* del sanato? In altre parole: come si svolse l'incidente a causa del quale il sanato riportò le lesioni documentate? In quale posizione si trovava il dott. R.E.C. al momento dell'urto? Da che cosa ed in quale parte del corpo egli venne colpito?

10) Il ferito in quale ospedale ricevette le *prime cure?* Quando avvenne il *trasferimento* in altro ospedale? Per quanto tempo vi rimase ricoverato? Venne poi *ulteriormente trasferito* ad altro ambiente di cura?

11) In quale clinica il ferito venne ricoverato per potervi essere sotto-

posto *ad intervento chirurgico?* In quale data ciò avvenne? Quali erano le condizioni del paziente al momento dell'ingresso in clinica? In base a quali sintomi si era deciso di eseguire subito l'intervento? Quali accertamenti erano stati praticati? Con quale risultato? In particolare: esisteva una lesione al midollo spinale? In caso affermativo: a quale livello?

12) (Per i testi tecnici) Si trattava di un trauma midollare aperto o chiuso? Vi erano fratture di vertebre? In caso affermativo: quali vertebre erano fratturate? Vi erano spostamenti di frammenti ossei? Vi era interruzione degli impulsi nervosi? In caso affermativo: l'interruzione era completa o incompleta? A valle della lesione vi era paralisi dei muscoli? Vi era paraplegia? Vi era anestesia? In caso affermativo: tale anestesia era totale o parziale? Quale territorio interessava l'anestesia? Vi erano disturbi degli sfinteri vescicale ed anale? Quale possibilità di deambulazione era ipotizzata per il futuro, anche dopo l'intervento?

13) In quale data, precisamente, venne eseguito l'*intervento?* Chi lo effettuò? (Il teste riferisca non solo il nome dell'operatore, ma la composizione dell'*équipe* chirurgica). Al tavolo operatorio quali lesioni vennero accertate? Quale fu la prognosi derivante da tale constatazione? A chi venne comunicata tale prognosi? Quando? Quale fu l'intervento praticato? Il risultato dell'intervento fu tale da poter modificare la suddetta prognosi?

14) Vennero elevate preghiere per ottenere la guarigione dell'infermo? In caso affermativo: a chi vennero rivolte le preghiere? Da parte di chi? A partire da quale data?

15) Quanti giorni dopo l'inizio delle preghiere al Servo di Dio si manifestarono *i primi segni di ripristino funzionale?* Quali furono i primi sintomi di miglioramento? Dopo quanto tempo si constatò il *completo ritorno alla normalità?* Il ritorno alla normalità interessò la funzione motoria ed anche quella sensitiva o soltanto una di esse? Dopo quanti giorni dall'inizio delle preghiere si ripristinò il controllo degli sfinteri vescicale ed anale? Dopo quanto tempo si ottenne il recupero della deambulazione? Tale recupero fu parziale o totale? Nel caso che sia residuato un *deficit* deambulatorio: in che cosa consiste e da che cosa è causato tale *deficit?*

Quando sono stati eseguiti gli ultimi controlli radiografici? Sono ancora evidenti i segni delle pregresse lesioni vertebrali? Precisamente: di quali vertebre si tratta e quali lesioni sono ancora evidenti?

Riassumendo: i medici curanti ritengono che la guarigione sia stata completa o incompleta? In quest'ultimo caso: perché?

16) (Per i testi tecnici) Dica il teste se il fatto in esame, secondo la sua scienza ed esperienza, possa essere spiegato naturalmente.

17) (Per i testi non tecnici) Dica il teste se il fatto in esame, a suo giudizio, possa essere spiegato naturalmente.

18) *Attualmente* il sanato in quali condizioni generali si trova? Da quando ha potuto riprendere la propria attività lavorativa? Egli ha avuto ri-

cadute della sintomatologia dolorifico–funzionale dalla quale si ritiene sia stato prodigiosamente guarito? Oppure esistono *deficit* post–traumatici? In quest'ultimo caso: di quali deficit si tratta? Oppure, dopo la guarigione, ha avuto altre malattie? In caso affermativo: tali malattie erano preesistenti al trauma riportato il 17 sett. 1977 o sono insorte dopo i traumi riportati in tale data? In quest'ultimo caso: vi è un rapporto di dipendenza causa–effetto tra le lesioni riportate nell'incidente e le malattie poi insorte? Queste ultime sono ancora, sia pure parzialmente, in atto o sono completamente guarite? Da quando sono guarite? Fino a quando sono state necessarie cure medicamentose? Attualmente esse devono essere proseguite? In caso affermativo: di quali medicinali si tratta? Chi li ha prescritti? Quando? In quali dosi? Per quale via d'introduzione?

19) Oltre ai controlli radiologici (v. interrog. 15) sono state eseguite *altre indagini* specialistiche di controllo? In caso affermativo: di quali indagini si è trattato? Quando sono state eseguite? Con quale risultato? Sono in programma ulteriori controlli? Perché? In caso affermativo: quali controlli dovranno essere ripetuti?

20) Vi fu o vi è qualche medico, bene al corrente del caso clinico, che ritenne o ritiene che la guarigione in argomento *possa essere spiegata naturalmente*, considerate le caratteristiche della lesione e tenuto conto del buon risultato dell'intervento chirurgico eseguito? In caso affermativo: qual è il nome del medico e dei medici che ebbe o ha (che ebbero o hanno) tali convinzioni?

21) Qualora si tratti di persone già defunte (sanato o testi) o che, per giusti motivi, non possono venire sottoposte ad esame, si esigano dal Postulatore della Causa documenti autentici, da inserire negli Atti, per mezzo dei quali sia debitamente provata la morte, od il legittimo impedimento che renda impossibile l'escussione delle suddette persone.

22) Si domandi al teste se abbia qualcosa da aggiungere, da correggere o da dichiarare, sia perché intorno a quel particolare argomento non sia stato in special modo interrogato, o perché quella circostanza gli si sia presentata dopo alla memoria.

Se il teste avrà dato risposta affermativa, riferisca tutto nei particolari e chiaramente, indicando le singole circostanze e la fonte della sua scienza.

Appendice V

ISTRUZIONI PER L'ESUMAZIONE E LA RICOGNIZIONE DEI RESTI MORTALI DI SERVI DI DIO

1. È di competenza del Vescovo diocesano di procedere alla ricognizione canonica dei resti mortali di servi di Dio di cui è in corso la causa di canonizzazione. Ciò vale anche per la ricognizione delle reliquie di Beati e di Santi.

2. Il Vescovo, a meno che egli stesso non prenda l'iniziativa, di solito procede su richiesta del Postulatore.

3. Quando si tratta dell'esumazione di un corpo, occorre procedere nel rispetto delle disposizioni dell'autorità civile competente.

3. Se il Vescovo non interviene personalmente alla ricognizione, nominerà un suo Delegato ad hoc, inoltre nominerà un Promotore di giustizia, un Notaio, due testi nonché due periti tecnici (anatomici) che presteranno il giuramento (o promessa) «de munere fideliter adimplendo». Il Notaio redigerà il verbale di tutti gli atti posti. Il verbale sarà firmato da tutti i suddetti.

4. Accertata l'identità del sepolcro e del corpo del servo di Dio, questo sarà trasportato nel luogo prestabilito e sarà sistemato sopra un tavolo. Adeguatamente ripulito, sarà dettagliatamente ispezionato dai periti i quali descriveranno ogni residua parte del corpo. Questo «inventario», da essi sottoscritto, sarà allegato all'atto notarile della ricognizione.

5. Qualora la ricognizione non si possa effettuare in una sola sessione, si avrà cura di usare le necessarie precauzioni per impedire eventuali furti o profanazioni di qualsiasi genere.

6. Prima di chiudere i resti nella nuova urna, il Vescovo, a suo giudizio e discrezione, potrà autorizzare il prelievo di alcuni frammenti, ormai disgiunti dal resto del corpo, perché in seguito possano essere distribuiti come reliquie.

7. Nella nuova urna vengano riposti anche altri reperti trovati nella vecchia cassa.

8. L'urna venga chiusa con viti, sulle quali venga poi apposto il sigillo del Vescovo. Venga quindi trasferita al posto destinato in precedenza.

9. Il Notaio, nel descrivere gli atti posti durante la ricognizione, aggiunga anche la descrizione della nuova urna (misura, forma ed eventuale iscrizione). Il verbale o relazione sarà firmata dai presenti, come detto sopra al num. 3.

10. Se c'è stata una precedente ricognizione, al verbale siano allegati gli Atti della stessa, se ci sono.

11. L'originale (autografo) del Verbale (con l'inventario di cui al num. 4, ed altri eventuali documenti di cui al num. 10) va conservato nell'Archivio della Curia diocesana, mentre una copia autentica di tutti i documenti sarà lasciata presso la chiesa od oratorio, dove si è proceduto alla ricognizione o alla traslazione dei resti mortali.

***

Se si tratta della ricognizione canonica delle reliquie di un Santo o di un Beato, è opportuno all'atto dell'apertura dell'urna tributare gli onori riservati ai Santi o ai Beati, con la recita di una preghiera.

Per le reliquie insigni cf. il can. 1190 § 2.

NOVAE LEGES
PRO CAUSIS SANCTORUM

IOANNES PAULUS EPISCOPUS

SERVUS SERVORUM DEI
AD PERPETUAM REI MEMORIAM

Divinus perfectionis magister et exemplar, Christus Iesus, qui una cum Patre et Spiritu Sancto «unus sanctus» celebratur, Ecclesiam tamquam sponsam dilexit atque seipsum pro ea tradidit, ut illam sanctificaret sibique ipse gloriosam exhiberet. Praecepto igitur dato omnibus discipulis suis, ut perfectionem Patris imitarentur, in omnes Spiritum Sanctum mittit, qui eos intus moveat, ut Deum diligant ex toto corde, utque invicem sese diligant, quemadmodum ille eos dilexit. Christi asseclae — uti per Concilium Vaticanum II monemur — non secundum opera sua, sed secundum propositum et gratiam Eius vocati atque in Iesu Domino iustificati, in fidei baptismate vere filii Dei et consortes divinae naturae, ideoque reapse sancti effecti sunt[1].

Inter hos quovis tempore plures Deus eligit, qui Christi exemplum proximius secuti, sanguinis effusione aut heroico virtutum exercitio praeclarum Regni caelorum praebeant testimonium.

Ecclesia autem, quae inde a primaevis christianae religionis temporibus Apostolos et Martyres in Christo arctius nobis coniunctos esse semper credidit, eos simul cum beata Virgine Maria et sanctis Angelis peculiari veneratione prosecuta est, eorumque intercessionis auxilium pie imploravit. Quibus mox adnumerati sunt alii quoque qui Christi virginitatem et paupertatem pressius erant imitati, et tandem ceteri quos praeclarum virtutum christianarum exercitium ac divina charismata piae fidelium devotioni et imitationi commendabant.

Dum illorum vitam conspicimus, qui Christum fideliter sunt secuti, nova quadam ratione ad futuram Civitatem inquirendam incitamur et tutissime viam edocemur qua, inter mundanas varietates, secundum statum condicionemque unicuique propriam, ad perfectam cum Christo coniunctionem

[1] Const. dogm. *Lumen gentium*, n. 40.

GIOVANNI PAOLO VESCOVO

SERVO DEI SERVI DI DIO
A PERPETUA MEMORIA

Il Divino Maestro e modello di perfezione, Cristo Gesù, il quale con il Padre e lo Spirito Santo è celebrato come «solo il santo», amò la Chiesa come sposa e consegnò se stesso per essa, al fine di santificarla e renderla gloriosa al suo cospetto. Pertanto, dato il precetto a tutti i suoi discepoli perché imitassero la perfezione del Padre, invia in tutti lo Spirito Santo, affinché li muova interiormente ad amare Dio con tutto il cuore e ad amarsi a vicenda, come Egli li amò. I seguaci di Cristo — come insegna il Concilio Vaticano II — non secondo le loro opere, ma secondo il disegno e la grazia di Lui chiamati e in Gesù Signore giustificati, nel battesimo della fede sono diventati veramente figli di Dio e partecipi della natura divina, e perciò realmente santi[1].

Tra questi, in ogni epoca, Dio sceglie molti affinché, seguendo più da vicino l'esempio di Cristo, con l'effusione del sangue o l'esercizio eroico delle virtù, offrano fulgida testimonianza del Regno dei cieli.

La Chiesa poi, che fin dalle origini della religione cristiana ha sempre creduto che gli Apostoli e i Martiri in Cristo sono uniti più strettamente con noi, li ha venerati in maniera particolare insieme con la beata Vergine Maria e i santi Angeli, e ha piamente implorato l'aiuto della loro intercessione. A questi ben presto si aggiunsero anche altri, i quali più da vicino avevano imitato la verginità e la povertà di Cristo, e altri finalmente che per l'esercizio singolare delle virtù e per i carismi divini si imponevano alla devozione e all'imitazione dei fedeli.

Mentre consideriamo la vita di coloro che hanno seguito fedelmente Cristo, in modo nuovo siamo incitati a cercare la Città futura, e con totale sicurezza apprendiamo la via per la quale, tra le vicissitudini del mondo, possiamo raggiungere la perfetta unione con Cristo, cioè la santità, secondo lo stato e la

[1] Cost. dogm. *Lumen gentium,* n. 40.

seu sanctitatem pervenire possumus. Nimirum tantam habentes impositam nubem testium, per quos Deus nobis fit praesens nosque alloquitur, ad Regnum suum in caelis adipiscendum magna virtute attrahimur[2].

Quae signa et vocem Domini sui maxima cum reverentia et docilitate suscipiens, Sedes Apostolica, ab immemorabilibus temporibus, pro gravi munere sibi concredito docendi, sanctificandi atque regendi Populum Dei, fidelium imitationi, venerationi et invocationi proponit viros et mulieres caritatis aliarumque evangelicarum virtutum fulgore praestantes, eosque, post debitas pervestigationes peractas, in sollemni canonizationis actu Sanctos vel Sanctas esse declarat.

Causarum canonizationis instructio, quam Praedecessor Noster Xystus V Congregationi Sacrorum Rituum ab ipso conditae concredidit[3], decursu temporum novis semper aucta fuit normis, praesertim Urbani VIII opera[4], quas Prosper Lambertini (postea Benedictus XIV), experientias quoque transacti temporis colligens, posteris tradidit in opere quod *De Servorum Dei beatificatione et de Beatorum canonizatione* inscribitur, quodque regula exstitit per duo fere saecula apud Sacram Rituum Congregationem. Huiusmodi normae tandem substantialiter receptae fuerunt in *Codicem Iuris Canonici,* anno 1917 publici iuris factum.

Cum vero maxime auctus historicarum disciplinarum progressus nostris temporibus necessitatem ostendisset aptiore laboris instrumento competentem Congregationem ditandi, ut postulatis artis criticae melius responderet, Decessor Noster f.r. Pius XI Apostolicis Litteris *Già da qualche tempo* motu proprio die 6 mensis februarii anno 1930 editis, «Sectionem historicam» apud Sacram Rituum Congregationem instituit, eique studium causarum «historicarum» concredidit[5]. Die autem 4 ianuarii 1939 idem Pontifex *Normas servandas in construendis processibus ordinariis super causis historicis*[6] edi iussit, quibus processum «apostolicum» reapse supervacaneum reddidit, ita ut in causis «historicis» exinde unicus processus auctoritate ordinaria factus sit.

Paulus VI autem, Litteris Apostolicis *Sanctitas clarior* motu proprio die 19 martii anno 1969 editis[7], statuit, ut etiam in causis recentioribus unicus fieret processus cognitionalis seu ad colligendas probationes, quem

[2] Cfr. *ibid,* n. 50.

[3] Const. Apost. *Immensa Aeterni Dei,* diei 22 ianuarii 1588. Cfr. *Bullarium Romanum,* ed. Taurinensis, t. VIII, pp. 985-999.

[4] Litt. Apost. *Caelestis Hierusalem cives,* diei 5 iulii 1634; *Urbani VIII P.O.M. Decreta servanda in canonizatione et beatificatione Sanctorum,* diei 12 martii 1642.

[5] AAS 22 (1930), pp. 87-88.

[6] AAS 31 (1939), pp. 174-175.

[7] AAS 61 (1969), pp. 149-153.

condizione propria di ciascuno. In realtà, vedendo al di sopra di noi una così grande schiera di testimoni, per mezzo dei quali Dio si fa a noi presente e ci parla, siamo potentemente attratti a raggiungere il Regno suo nei cieli[2].

Accogliendo tali segni e la voce del Signore con la più grande riverenza e docilità, la Sede Apostolica, per il grave ufficio ad essa affidato, di insegnare, di santificare e di reggere il Popolo di Dio, da tempo immemorabile propone all'imitazione, venerazione e invocazione dei fedeli quegli uomini e quelle donne segnalati dal fulgore della carità e delle altre virtù evangeliche, e, condotte le debite inchieste, nell'atto solenne di canonizzazione li dichiara Santi o Sante.

La trattazione delle cause di canonizzazione, affidata dal Nostro Predecessore Sisto V alla Sacra Congregazione dei Riti da lui istituita[3], lungo i secoli venne sempre più perfezionata con nuove norme, specialmente per opera di Urbano VIII[4]. Queste leggi, insieme alla raccolta delle esperienze precedenti, furono in seguito tramandate da Prospero Lambertini (poi Papa Benedetto XIV) nell'opera *De Servorum Dei beatificatione et de Beatorum canonizatione*, che è stata seguita come regola per quasi due secoli presso la Sacra Congregazione dei Riti. Tali norme furono sostanzialmente inserite nel *Codice di Diritto Canonico* promulgato nel 1917.

Poiché nei tempi più recenti, il notevole progresso delle discipline storiche mostrò la necessità di dotare la Congregazione competente di uno strumento di lavoro più valido, perché meglio corrispondesse alle esigenze della critica storica, il Nostro Predecessore Pio XI, di p.m., il 6 febbraio 1930 con la Lettera Apostolica *Già da qualche tempo*, di *motu proprio* istituì presso la Sacra Congregazione dei Riti la «Sezione storica» con il compito di studiare le cause «storiche»[5]. Il medesimo Pontefice, il 4 gennaio 1939, ordinò di pubblicare le *Normae servandae in construendis processibus ordinariis super causis historicis*[6], con le quali rese di fatto superfluo il processo «apostolico», di modo che da allora per le cause «storiche» fu fatto un unico processo di autorità ordinaria.

Paolo VI inoltre, con la Lettera Apostolica *Sanctitas clarior* del 19 marzo 1969[7], stabilì che anche per le cause recenti si facesse un unico processo cognizionale, cioè per raccogliere le prove, che il Vescovo istruisce,

[2] Cfr. *ivi*, n. 50.

[3] Cost. Apost. *Immensa Aeterni Dei,* 22 gennaio 1588. Cfr. *Bullarium Romanum,* ed. Taurinensis, t. VIII, pp. 985-999.

[4] Lett. Apost. *Caelestis Hierusalem cives,* 5 luglio 1634; *Urbani VIII P.O.M. Decreta servanda in beatificatione et canonizatione Sanctorum,* 12 marzo 1642.

[5] AAS 22 (1930), pp. 87-88.

[6] AAS 31 (1939), pp. 174-175.

[7] AAS 61 (1969), pp. 149-153.

Episcopus instruit praevia tamen venia Sanctae Sedis[8]. Idem Pontifex, Constitutione Apostolica *Sacra Rituum Congregatio*[9] diei 8 maii 1969, loco Sacrae Rituum Congregationis duo nova constituit Dicasteria, quorum uni munus concredidit Cultum divinum ordinandi, alteri vero causas sanctorum tractandi; eadem data occasione ordinem in iisdem procedendi aliquantum immutavit.

Post novissimas experientias, denique, Nobis peropportunum visum est instructionis causarum viam ac rationem ulterius recognosere ipsamque Congregationem pro Causis Sanctorum ita ordinare, ut et doctorum exigentiis obviam fieremus, et desideriis Fratrum Nostrorum in episcopati, qui pluries flagitaverunt ipsius rationis agilitatem, servata tamen soliditate investigationum in negotio tantae gravitatis. Putamus etiam, praelucente doctrina de collegialitate a Concilio Vaticano II proposita, valde convenire ut ipsi Episcopi magis Apostolicae Sedi socientur in causis sanctorum pertractandis.

In posterum, igitur, abrogatis ad rem quod attinet omnibus legibus cuiusvis generis, has quae sequuntur statuimus normas servandas.

I
DE INQUISITIONIBUS AD EPISCOPIS FACIENDIS

1) Episcopis dioecesanis vel Hierarchis ceterisque in iure aequiparatis, intra fines suae iurisdictionis, sive ex officio, sive ad instantiam singulorum fidelium vel legitimorum coetuum eorumque procuratorum, ius competit inquirendi circa vitam, virtutes vel martyrium ac famam sanctitatis vel martyrii, asserta miracula, necnon, si casus ferat, antiquum cultum Servi Dei, cuius canonizatio petitur.

2) In huiusmodi inquisitionibus Episcopus iuxta peculiares Normas a Sacra Congregatione pro Causis Sanctorum edendas procedat, hoc quidem ordine:

1° A postulatore causae, legitime ab actore nominato, accuratam informationem de Servi Dei vita exquirat, simulque ab eo edoceatur de rationibus quae causae canonizationis promovendae favere videantur.

2° Si Servus Dei scripta a se exarata publice edidit, Episcopus curet ut eadem a censoribus theologis examinentur.

[8] *Ibid.*, nn. 3-4.
[9] AAS 61 (1969), pp. 297-305.

previa tuttavia l'autorizzazione della Santa Sede[8]. Il medesimo Pontefice, con la Costituzione Apostolica *Sacra Rituum Congregatio*[9], data l'8 maggio 1969, al posto della Sacra Congregazione dei Riti costituì due nuovi Dicasteri, ad uno di essi commise di regolare il Culto Divino, all'altro invece di trattare le cause dei santi; in questa medesima occasione mutò alquanto l'ordine di procedere in esse.

Infine, dopo le ultime esperienze, Ci è sembrato molto opportuno sottoporre ad una nuova revisione la procedura nell'istruzione delle cause, e riordinare la stessa Congregazione per le Cause dei Santi in modo da andare incontro alle esigenze degli studiosi e ai desideri dei nostri Fratelli nell'episcopato, i quali avevano più volte sollecitato una maggior agilità di procedura, conservata tuttavia la solidità delle ricerche richieste in un affare di tanta importanza. Pensiamo inoltre che, alla luce della dottrina sulla collegialità proposta dal Concilio Vaticano II, sia assai conveniente associare maggiormente i Vescovi alla Sede Apostolica nel trattare le cause dei santi.

Per il futuro, dunque, abrogate al riguardo tutte le leggi di qualsiasi genere, stabiliamo che si osservino le norme che seguono.

I

INCHIESTE AFFIDATE AI VESCOVI

1) Ai Vescovi diocesani, agli Eparchi e a quanti ad essi sono equiparati dal diritto, nell'ambito della propria giurisdizione, sia di ufficio che ad istanza di singoli fedeli o di legittime associazioni e dei loro rappresentanti, compete il diritto di investigare sulla vita, virtù o martirio e sulla fama di santità o di martirio, sui presunti miracoli ed eventualmente sul culto antico di un Servo di Dio, per il quale si domanda la canonizzazione.

2) In tali inchieste il Vescovo proceda secondo le Norme peculiari da emanarsi dalla Sacra Congregazione per le Cause dei Santi, e con il seguente ordine:

1° Richieda al postulatore della causa, legittimamente nominato dall'attore, un'accurata informazione sulla vita del Servo di Dio e si faccia ragguagliare da lui circa i motivi che indurrebbero a promuovere la causa di canonizzazione.

2° Se il Servo di Dio ha pubblicato scritti da lui redatti, il Vescovo li faccia esaminare da censori teologi.

[8] *Ivi*, nn. 3-4.

[9] AAS 61 (1969), pp. 297-305.

3° Si nihil contra fidem bonosque mores in iisdem scriptis repertum fuerit, tunc Episcopus alia scripta inedita (epistulas, diaria etc.) necnon omnia documenta, quoquo modo causam respicientia, perquiri iubeat a personis ad hoc idoneis, quae, postquam munus suum fideliter expleverint, relationem de perquisitionibus factis componant.

4° Si ex hucusque factis Episcopus prudenter iudicaverit ad ulteriora procedi posse, curet ut testes a postulatore inducti aliique ex officio vocandi rite examinentur.

Si vero urgeat examen testium ne pereant probationes, ipsi interrogandi sunt etiam nondum completa perquisitione documentorum.

5° Inquisitio de assertis miraculis ab inquisitione de virtutibus vel de martyrio separatim fiat.

6° Inquisitionibus peractis, transumptum omnium actorum in duplici exemplari ad Sacram Congregationem mittatur, una cum exemplari librorum Servi Dei a censoribus theologis examinatorum eorumque iudicio.

Episcopus praeterea adiungat declarationem de observantia decretorum Urbani VIII super non cultu.

II
DE SACRA CONGREGATIONE PRO CAUSIS SANCTORUM

3) Sacrae Congregationis pro Causis Sanctorum, cui praeest Cardinalis Praefectus, adiuvante Secretario, munus est, ut ea agat quae ad canonizationem Servorum Dei pertinent, et quidem tum Episcopis in causis instruendis consilio atque instructionibus assistendo, tum causis funditus studendo, tum denique vota ferendo.

Ad eamdem Congregationem spectat decernere de iis omnibus quae ad authenticitatem et conservationem reliquiarum referuntur.

4) Secretarii officium est:

1° relationes cum externis, praesertim cum Episcopis qui causas instruunt, curare;

2° discussiones de merito causae participare, votum ferendo in congregatione Patrum Cardinalium et Episcoporum;

3° relationem, Summo Pontifici tradendam de votis Cardinalium et Episcoporum conficere.

5) In munere suo adimplendo Secretarius adiuvatur a Subsecretario, cui competit praesertim videre utrum legis praescripta in causarum instructione adimpleta fuerint, necnon a congruo numero Officialium minorum.

3° Se nei medesimi scritti nulla sarà trovato contro la fede e i buoni costumi, il Vescovo disponga che persone idonee ricerchino altri scritti inediti (lettere, diari ecc.), nonché tutti i documenti che in qualsiasi modo sono collegati con la causa, le quali persone, dopo avere espletato fedelmente l'incarico, redigano una relazione sulle indagini svolte.

4° Se in base a tali risultati il Vescovo ritiene prudentemente che si possa procedere oltre, curi che siano esaminati i testi presentati dal postulatore, ed altri chiamati di ufficio.

Se però sia urgente l'esame dei testi perché non si perdano le prove, gli stessi siano interrogati anche se non è terminata la raccolta dei documenti.

5° L'inchiesta sui presunti miracoli si faccia separatamente da quella sulle virtù o sul martirio.

6° Finite le inchieste, sia inviato in duplice copia alla Sacra Congregazione per le Cause dei Santi l'esemplare autentico di tutti gli atti, insieme ad una copia dei libri del Servo di Dio esaminati dai censori teologi e il giudizio di questi.

Il Vescovo inoltre aggiunga una dichiarazione sull'osservanza dei decreti di Urbano VIII sul non culto.

II

LA SACRA CONGREGAZIONE PER LE CAUSE DEI SANTI

3) Alla Sacra Congregazione per le Cause dei Santi, cui è preposto il Cardinale Prefetto, coadiuvato dal Segretario, spetta il compito di trattare quanto appartiene alla canonizzazione dei servi di Dio, sia assistendo i Vescovi con consigli e istruzioni nell'istruzione delle cause, sia studiando a fondo le cause, sia infine dando il suo voto sul merito.

Alla stessa Congregazione spetta di decidere su tutto quanto si riferisce all'autenticità e la conservazione delle reliquie.

4) È ufficio del Segretario:

1° curare le relazioni con gli esterni, in particolare con i Vescovi che istruiscono le cause;

2° partecipare alle discussioni sul merito della causa, esprimendo il voto nella congregazione dei Padri Cardinali e Vescovi;

3° redigere la relazione sui voti dei Cardinali e Vescovi, da consegnare al Sommo Pontefice.

5) Nello svolgimento del suo ufficio il Segretario è coadiuvato dal Sottosegretario, al quale compete soprattutto di vedere se siano stati fedelmente osservati i prescritti della legge nell'istruire le cause, nonché da un numero congruo di Officiali minori.

6) Pro studio causarum apud Sacram Congregationem adest Collegium Relatorum, cui praeest Relator generalis.

7) Singulorum Relatorum est:

1° una cum externis cooperatoribus causis sibi commissis studere atque Positiones super virtutibus vel super martyrio parare;

2° enodationes historicas, si quae a Consultoribus requisitae fuerint, scriptis exarare;

3° Congressui theologorum tamquam expertos adesse, sine tamen voto.

8) Inter Relatores unus aderit specialiter deputatus pro elucubratione Positionum super miraculis, qui intererit Coetui medicorum et Congressui theologorum.

9) Relator generalis, qui praesidet Coetui Consultorum historicorum, adiuvatur a nonnullis Adiutoribus a studiis.

10) Apud Sacram Congregationem unus adest Promotor fidei seu Praelatus theologus, cuius est:

1° Congressui theologorum praeesse, in quo votum fert;

2° relationem de ipso Congressu parare;

3° congregationi Patrum Cardinalium et Episcoporum tamquam expertum adesse, sine tamen voto.

Pro una aliave causa, si opus fuerit, a Cardinali Praefecto nominari poterit Promotor fidei ad casum.

11) Causis sanctorum tractandis praesto sunt Consultores ex diversis regionibus acciti, alii in re historica alii in theologia praesertim spirituali periti.

12) Pro examine sanationum, quae tamquam miracula proponuntur, habetur apud Sacra Congregationem coetus in arte medica peritorum.

III

DE MODO PROCEDENDI IN SACRA CONGREGATIONE

13) Cum omnia acta et documenta causam respicientia Episcopus Romam miserit, in Sacra Congregatione pro Causis Sanctorum hoc modo procedatur:

1° Ante omnia Subsecretarius scrutatur utrum in inquisitionibus ab Episcopo factis omnia legis statuta servata sint, et de exitu examinis in Congressu ordinario referet.

6) Per lo studio delle cause presso la Sacra Congregazione esiste un Collegio di Relatori, a cui presiede un Relatore generale.

7) Ai singoli Relatori spetta:

1° studiare con i collaboratori esterni le cause loro affidate e preparare le Posizioni sulle virtù o sul martirio;

2° redigere per iscritto chiarimenti storici, se eventualmente siano richiesti dai Consultori;

3° partecipare come esperti al Congresso dei teologi, ma senza voto.

8) Tra i Relatori uno sarà incaricato di preparare le Posizioni sui miracoli, e parteciperà alla Consulta dei medici e al Congresso dei teologi.

9) Il Relatore generale, che presiede la riunione dei Consultori storici, è coadiuvato da alcuni Aiutanti di studio.

10) Presso la Sacra Congregazione esiste un Promotore della fede o Prelato teologo, cui spetta:

1° presiedere il Congresso dei teologi, in cui dà il voto;

2° preparare la relazione sullo stesso Congresso;

3° partecipare in qualità di esperto, ma senza voto, alla congregazione dei padri Cardinali e Vescovi.

Per l'una o l'altra causa, se sarà necessario, potrà essere nominato dal Cardinale Prefetto un Promotore della fede *ad casum*.

11) Per trattare le cause dei santi sono a disposizione Consultori chiamati da diverse regioni, esperti alcuni in materia storica, altri in teologia specialmente spirituale.

12) Per l'esame delle guarigioni, che sono proposte come miracoli, esiste presso la Sacra Congregazione un Collegio di periti nella scienza medica.

III
MODO DI PROCEDERE NELLA SACRA CONGREGAZIONE

13) Quando il Vescovo avrà inviato a Roma tutti gli atti e documenti riguardanti la causa, nella Sacra Congregazione per le Cause dei Santi si proceda in questo modo:

1° Anzitutto il Sottosegretario verifica se nelle inchieste eseguite dal Vescovo siano state osservate tutte le disposizioni di legge; e riferirà nel Congresso ordinario circa l'esito dell'esame.

2° Si Congressus iudicaverit causam instructam fuisse ad legis normas, statuet cuinam ex Relatoribus committenda sit; Relator vero una cum cooperatore externo Positionem super virtutibus vel super martyrio conficiet iuxta regulas artis criticae in hagiographia servandas.

3° In causis antiquis et in iis recentioribus, quarum peculiaris indoles de iudicio Relatoris generalis id postulaverit, edita Positio examini subicienda erit Consultorum in re speciatim peritorum, ut de eius valore scientifico necnon sufficientia ad effectum de quo agitur votum ferant.

In singulis casibus Sacra Congregatio potest Positionem etiam aliis viris doctis, in Consultorum numerum non relatis, examinandam tradere.

4° Positio (una cum votis scriptis Consultorum historicorum necnon novis enodationibus Relatoris, si quae necessariae sint) tradetur Consultoribus theologis, qui de merito causae votum ferent; quorum est, una cum Promotore fidei, causae ita studere, ut, antequam ad discussionem in Congressu peculiari deveniatur, quaestiones theologicae controversae, si quae sint, funditus examinentur.

5° Vota definitiva Consultorum theologorum, una cum conclusionibus a Promotore fidei exaratis, Cardinalibus atque Episcopis iudicaturis tradentur.

14) De assertis miraculis Congregatio cognoscit sequenti ratione:

1° Asserta miracula, super quibus a Relatore ad hoc deputato paratur Positio, expenduntur in coetu peritorum (si de sanationibus agitur, in coetu medicorum), quorum vota et conclusiones in accurata relatione exponuntur.

2° Deinde miracula discutienda sunt in peculiari Congressu theologorum, ac denique in congregatione Patrum Cardinalium et Episcoporum.

15) Sententiae Patrum Cardinalium et Episcoporum referuntur ad Summum Pontificem, cui uni competit ius decernendi cultum publicum ecclesiasticum Servis Dei praestandum.

16) In singulis canonizationis causis, quarum iudicium in praesens apud Sacram Congregationem pendeat, Sacra ipsa Congregatio peculiari decreto statuet modum ad ulteriora procedendi, servata tamen mente huius novae legis.

17) Quae Constitutione hac Nostra praescripsimus ab hoc ipso die vigere incipiunt.

Nostra haec autem statuta et praescripta nunc et in posterum firma et efficacia esse et fore volumus, non obstantibus, quatenus opus est, Consti-

2° Se il Congresso riterrà che la causa sia stata istruita a norma di legge, stabilirà a chi dei Relatori si debba affidare. Il Relatore poi, con un collaboratore esterno, preparerà la Posizione sulle virtù o sul martirio secondo le regole della critica da osservarsi nella agiografia.

3° Nelle cause antiche e in quelle recenti, la cui indole particolare a giudizio del Relatore generale lo richiedesse, la Posizione pubblicata sarà sottoposta all'esame dei Consultori particolarmente esperti in materia, affinché esprimano il voto sul suo valore scientifico e sulla sua sufficienza all'effetto di cui si tratta.

In singoli casi la Sacra Congregazione può affidare l'esame della Posizione anche ad altri competenti, non inclusi nell'elenco dei Consultori.

4° La Posizione (insieme ai voti scritti dei Consultori storici, nonché con nuovi chiarimenti del Relatore, se saranno necessari) sarà consegnata ai Consultori teologi, che voteranno sul merito della causa. Ad essi, insieme al Promotore della fede, spetta studiare la causa in modo che, prima di passare alla discussione nel Congresso speciale, si esaminino a fondo le eventuali questioni teologiche controverse.

5° I voti definitivi dei Consultori teologi, con le conclusioni redatte dal Promotore della fede, saranno sottoposti ai Cardinali e Vescovi, che giudicheranno.

14) Gli asseriti miracoli vengono esaminati dalla Congregazione nel modo seguente:

1° I presunti miracoli, sui quali dal Relatore a questo deputato è preparata una Posizione, sono valutati nella riunione dei periti (nella Consulta medica, se si tratta di guarigioni), i cui voti e conclusioni sono esposti in una accurata relazione.

2° I miracoli devono quindi essere discussi in un Congresso speciale di teologi, e poi in una congregazione di Padri Cardinali e di Vescovi.

15) Le sentenze dei Padri Cardinali e dei Vescovi sono riferite al Sommo Pontefice, al quale unicamente compete il diritto di decretare il culto pubblico ecclesiastico da prestarsi ai Servi di Dio.

16) Nelle singole cause di canonizzazione, tuttora in attesa di giudizio presso la Sacra Congregazione, la stessa Sacra Congregazione con speciale decreto stabilirà il modo di procedere oltre, osservata tuttavia la mente di questa nuova legge.

17) Quanto abbiamo stabilito con questa Nostra Costituzione comincia ad avere vigore da questo stesso giorno.

Vogliamo inoltre che questi nostri statuti e prescritti siano fermi ed efficaci nel presente e nel futuro, abrogate per quanto è necessario Costitututionibus et Ordinationibus Apostolicis a Decessoribus Nostris editis, ceterisque praescriptionibus etiam peculiari mentione et derogatione dignis.

Datum Romae, apud Sanctum Petrum, die XXV mensis Ianuarii anno MCMLXXXIII, Pontificatus Nostri quinto.

IOANNES PAULUS PP. II

zioni e Ordinazioni Apostoliche edite dai Nostri Predecessori, e tutte le altre prescrizioni anche degne di particolare menzione e deroga.

Dato a Roma, presso San Pietro, il 25 gennaio 1983, anno quinto del Nostro Pontificato.

GIOVANNI PAOLO II

SACRA CONGREGATIO PRO CAUSIS SANCTORUM

NORMAE

SERVANDAE IN INQUISITIONIBUS AB EPISCOPIS FACIENDIS IN CAUSIS SANCTORUM

Cum in Constitutione Apostolica *Divinus perfectionis Magister* diei 25 ianuarii anni 1983 statutus sit ordo procedendi in inquisitionibus quae in posterum ab Episcopis faciendae sunt in causis sanctorum, itemque Sacrae huic Congregationi munus concreditum sit peculiares ad hoc Normas edendi, eadem Sacra Congregatio sequentes confecit normas, quas Summus Pontifex a Plenario Coetu patrum praefatae Congregationi praepositorum, diebus 22 et 23 mensis iunii anno 1981 habito, examinari voluit et, auditis quoque omnibus Patribus Dicasteriis Romanae Curiae praepositis, ratas habuit et promulgari iussit.

1. a) Causam canonizationis actor promovet; quo munere quilibet e populo Dei aut christifidelium coetus ab ecclesiastica auctoritate admissus, fungi potest.

b) Actor causam agit per postulatorem legitime constitutum.

2. a) Postulator constituitur ab actore per procurationis mandatum ad normam iuris redactum, probante Episcopo.

b) Dum causa apud Sacram Congregationem tractatur, postulator, dummodo ab ipsa Congregatione sit approbatus, in Urbe fixam sedem habere debet.

3. a) Munere postulatoris fungi possunt sacerdotes, membra Institutorum vitae consecratae et laici, qui omnes oportet sint periti in re theologica, canonica et historica, necnon in praxi Sacrae Congregationis versati.

b) Postulatoris imprimis est peragere investigationes circa vitam Servi Dei de quo agitur, ad eius famam sanctitatis et causae momentum ecclesiale dignoscenda, de eisque Episcopo referre.

SACRA CONGREGAZIONE PER LE CAUSE DEI SANTI

NORME

DA OSSERVARSI NELLE INCHIESTE DIOCESANE DELLE CAUSE DEI SANTI

Nella Costituzione Apostolica *Divinus perfectionis Magister* del 25 gennaio 1983 è stata stabilita la procedura per le inchieste che d'ora in avanti devono essere svolte nelle cause dei santi da parte dei Vescovi; così pure è stato affidato a questa Sacra Congregazione il compito di emanare speciali norme a tale scopo. Perciò la medesima Sacra Congregazione ha redatto le norme che seguono. Il Sommo Pontefice ha voluto che fossero esaminate dall'assemblea plenaria dei Padri preposti a detta Congregazione tenuta nei giorni 22 e 23 giugno 1981; e poi, dopo aver sentito anche il parere di tutti i Padri preposti ai Dicasteri della Curia Romana, le ha ratificate e ne ha ordinato la pubblicazione.

1. a) La causa di canonizzazione viene promossa dall'attore; può fungere da attore chiunque faccia parte del popolo di Dio o qualunque associazione di fedeli ammessa dall'autorità ecclesiastica.

b) L'attore tratta la causa tramite un postulatore legittimamente costituito.

2. a) Il postulatore è costituito dall'attore in forza del mandato di procura redatto a norma del diritto, con l'approvazione del Vescovo.

b) Mentre la causa viene trattata presso la Sacra Congregazione, il postulatore, purché approvato dalla stessa Congregazione, deve avere la residenza fissa a Roma.

3. a) Possono svolgere l'ufficio di postulatore sacerdoti, membri di Istituti di vita consacrata e laici; tutti devono essere esperti in teologia, diritto canonico e storia, come pure conoscere la prassi della Sacra Congregazione.

b) È compito del postulatore anzitutto svolgere le indagini sulla vita del servo di Dio in questione, per conoscere la sua fama di santità e l'importanza ecclesiale della causa, e riferire al Vescovo.

c) Postulatori committitur etiam munus bona pro causa oblata administrandi iuxta normas a Sacra Congregatione traditas.

4. Postulatori ius competit substituendi sibi, per legitimum mandatum ac de consensu actorum, alios qui vice-postulatores dicuntur.

5. a) In causis canonizationis instruendis Episcopus competens ille est in cuius territorio Servus Dei supremum diem obiit, nisi peculiaria adiuncta, a Sacra Congregatione probata, aliud suadeant.

b) Si de asserto miraculo agitur, competens est Episcopus in cuius territorio factum evenit.

6. a) Episcopus causam instruere valet sive per se sive per suum delegatum, qui sit sacerdos in re theologica, canonica et historica quoque, si de causis antiquis agatur, vere peritus.

b) Iisdem qualitatibus pollere debet sacerdos qui in promotorem iustitiae eligitur.

c) Omnes officiales partem in causa habentes debent iuramentum de munere fideliter adimplendo praestare, et secreto tenentur.

7. Causa potest esse recentior aut antiqua; *recentior* dicitur, si martyrium vel virtutes Servi Dei per orales depositiones testium de visu probari possunt; *antiqua* vero, cum probationes de martyrio vel virtutibus dumtaxat ex fontibus scriptis erui possunt.

8. Quicumque causam canonizationis inchoare intendit, per postulatorem Episcopo competenti supplicem libellum exhibeat, quo causae instructio petatur.

9. a) In causis recentioribus, libellus exhiberi debet non ante quintum annum a morte Servi Dei.

b) Si vero exhibetur post annum tricesimum, Episcopus ad ulteriora procedere nequit nisi, inquisitione peracta, sibi persuasum habuerit nullam in casu adfuisse fraudem vel dolum ex parte actorum in protracta inchoatione causae.

10. Postulator una cum supplici libello exhibere debet:

1° in causis tam recentioribus quam antiquis, biographiam alicuius historici momenti de Servo Dei, si extat, vel, ea deficiente, accuratam relationem chronologice digestam de vita et gestis ipsius Servi Dei, de eius virtutibus vel martyrio, de sanctitatis et signorum fama, non omissis iis quae ipsi causae contraria vel minus favorabilia videntur[1];

[1] Cfr. Const. Apost. *Divinus perfectionis Magister,* n. 2, 1°.

c) Al postulatore viene affidato anche il compito di amministrare i beni offerti per la causa, secondo le norme date dalla Sacra Congregazione.

4. Il postulatore ha il diritto di farsi sostituire, con legittimo mandato e con il consenso degli attori, da altri che sono chiamati vice–postulatori.

5. a) Nell'istruire le cause di canonizzazione, il Vescovo competente è quello nel cui territorio il servo di Dio è morto, a meno che particolari circostanze, riconosciute dalla Sacra Congregazione, non consiglino diversamente.

b) Se si tratta di un asserito miracolo, è competente il Vescovo nel cui territorio il fatto è avvenuto.

6. a) Il Vescovo può istruire la causa direttamente o tramite un suo delegato, che sia sacerdote, ben preparato nella materia teologica, canonica e anche storica se si tratta di cause antiche.

b) Anche il sacerdote che viene scelto come promotore di giustizia deve possedere tali requisiti.

c) Tutti gli officiali che prendono parte alla causa, devono giurare di adempiere fedelmente il loro incarico, e sono tenuti al segreto.

7. La causa può essere recente o antica; è detta *recente*, se il martirio o le virtù del servo di Dio possono essere provati attraverso le deposizioni orali di testimoni oculari; è detta *antica* quando le prove relative al martirio o alle virtù possono essere desunte solo da fonti scritte.

8. Chiunque intenda iniziare una causa di canonizzazione, deve presentare al Vescovo competente, tramite un postulatore, il libello di domanda, con il quale si chiede l'istruzione della causa.

9. a) Nelle cause recenti, il libello di domanda non può essere presentato prima di cinque anni dalla morte del servo di Dio.

b) Se viene presentato dopo 30 anni, il Vescovo non può procedere oltre se non si sia accertato, con una accurata indagine, che nel caso non c'è stata alcuna frode o inganno, da parte degli attori, nel procrastinare l'avvio della causa.

10. Il postulatore, insieme al libello di domanda, deve presentare:

1° nelle cause sia recenti che antiche, una biografia di un certo valore storico sul servo di Dio, se esiste, o, in mancanza di questa, un'accurata relazione cronologica sulla vita e le attività del servo di Dio, sulle sue virtù o martirio, sulla fama di santità e di miracoli, senza omettere ciò che pare contrario o meno favorevole alla causa stessa[1];

[1] Cfr. Cost. Apost. *Divinus perfectionis Magister,* n. 2, 1°.

2° omnia scripta edita Servi Dei in authentico exemplari;

3° in causis recentioribus tantum, elenchum personarum quae ad eruendam veritatem circa virtutes vel martyrium Servi Dei, necnon circa sanctitatis vel signorum famam conferre possunt vel adversari.

11. a) Accepto libello, Episcopus coetum Episcoporum saltem regionis de opportunitate causae inchoandae consulat.

b) Insuper in sua et, si id opportunum duxerit, in aliis dioecesibus, de consensu eorumdem Episcoporum, petitionem postulatoris publici iuris faciat, omnes christifideles invitando ut utiles notitias causam respicientes, si quas suppeditandas habeant, sibi deferant.

12. a) Si ex informationibus receptis obstaculum alicuius momenti contra causam emerserit, de eo Episcopus postulatorem certiorem faciat, ut illud removere possit.

b) Si obstaculum remotum non fuerit et Episcopus ideo iudicaverit causam non esse admittendam, postulatorem moneat, allatis de decisione rationibus.

13. Si episcopus causam inchoare intendit, votum super scriptis editis Servi Dei a duobus censoribus theologis exquirat, qui referant num in iisdem scriptis aliquid habeatur, quod fidei ac bonis moribus adversetur[2].

14. a) Si vota censorum theologorum favorabilia sunt, Episcopus mandat ut universa scripta Servi Dei nondum edita necnon omnia et singula historica documenta sive manuscripta sive typis edita, quoquo modo causam respicientia, colligantur[3].

b) In huiusmodi requisitione facienda, praesertim cum de causis antiquis agatur, periti in re historica et archivistica adhibeantur.

c) Munere expleto, periti una cum scriptis collectis diligentem et distinctam relationem Episcopo tradant, in qua referant et fidem faciant de officio bene adimpleto, elenchum scriptorum et documentorum includant, iudicium de eorum authenticitate et valore promant necnon de personalitate Servi Dei, uti ex ipsis scriptis et documentis eruitur.

15. a) Relatione accepta, Episcopus omnia usque ad illud tempus acquisita promotori iustitiae vel alii viro perito tradat, ut interrogatoria confi-

[2] Cfr. *ibid.*, n. 2, 2°.
[3] Cfr. *ibid.*, n. 2, 3°.

2° tutti gli scritti pubblicati del Servo di Dio in copia autentica;

3° solo nelle cause recenti, un elenco delle persone che possono contribuire a esplorare la verità sulle virtù o il martirio del servo di Dio, come pure sulla fama di santità e di miracoli, oppure impugnarla.

11. a) Accettato il libello, il Vescovo consulti la Conferenza episcopale, almeno regionale, sull'opportunità di iniziare la causa.

b) Inoltre faccia conoscere pubblicamente la petizione del postulatore nella propria diocesi e, se lo riterrà opportuno, anche nelle altre diocesi, con il consenso dei rispettivi Vescovi, invitando tutti i fedeli a fornirgli notizie utili riguardanti la causa, se ve ne siano.

12. a) Se dalle informazioni ricevute fosse emerso qualche ostacolo di una certa rilevanza contro la causa, il Vescovo ne informi il postulatore, affinché lo possa eliminare.

b) Se l'ostacolo non è stato rimosso e il Vescovo perciò riterrà che la causa non si può ammettere, avverta il postulatore, esponendo i motivi della decisione.

13. Se il Vescovo intende iniziare la causa, chieda il voto di due censori teologi circa gli scritti editi del servo di Dio; questi dicano se in tali scritti c'è qualcosa di contrario alla fede e ai buoni costumi[2].

14. a) Se i voti dei censori teologi sono favorevoli, il Vescovo ordini che vengano raccolti tutti gli scritti del servo di Dio non ancora pubblicati, come pure tutti e singoli i documenti storici sia manoscritti sia stampati riguardanti in qualunque modo la causa[3].

b) Nel fare tale ricerca, soprattutto quando si tratta di cause antiche, vengano incaricati esperti in storia e archivistica.

c) Adempiuto l'incarico, gli esperti presentino al Vescovo, assieme agli scritti raccolti, una diligente e dettagliata relazione, nella quale riferiscano e garantiscano d'aver adempiuto fedelmente il compito loro affidato, uniscano un elenco degli scritti e dei documenti, esprimano un giudizio circa la loro autenticità e il loro valore, come pure circa la personalità del servo di Dio, quale si desume dagli stessi scritti e documenti.

15. a) Ricevuta la relazione, il Vescovo consegni al promotore di giustizia o ad un altro esperto tutto ciò che è stato acquisito fino a quel mo-

[2] Cfr. *ibid.*, n. 2, 2°.
[3] Cfr. *ibid.*, n. 2, 3°.

ciat quae apta sint ad verum indagandum et inveniendum de Servi Dei vita, virtutibus vel martyrio, fama sanctitatis vel martyrii.

b) In causis antiquis vero interrogatoria dumtaxat famam sanctitatis vel martyrii adhuc vigentem necnon, si casus ferat, cultum recentioribus temporibus Servo Dei praestitum respiciant.

c) Interim Episcopus brevem de Servi Dei vita ac de causae pondere notitiam ad Sacram Congregationem pro causis Sanctorum transmittat, ad videndum utrum ex parte Sanctae Sedis aliquid causae obsit.

16. a) Deinde Episcopus vel delegatus testes a postulatore inductos et alios ex officio interrogandos examinet, adhibito notario qui verba deponentis transcribat, in fine ab eodem confirmanda.

Si vero urgeat examen testium ne pereant probationes, ipsi interrogandi sunt etiam nondum completa perquisitione documentorum[4].

b) Examini testium adsit promotor iustitiae; quodsi idem non interfuerit, acta postea eius examini subiciantur, ut ipsemet animadvertere ac proponere possit quae necessaria et opportuna iudicaverit.

c) Testes imprimis iuxta interrogatoria examinentur; Episcopus autem vel delegatus ne omittat alias necessarias vel utiles interrogationes testibus proponere, ut quae ab ipsis dicta sint in clariore luce ponantur vel difficultates, quae emerserint, plane solvantur et explanentur.

17. Testes debent esse de visu, quibus addi possunt, si casus ferat, nonnulli testes de auditu a videntibus; omnes autem sint fide digni.

18. Tamquam testes imprimis inducantur consanguinei et affines Servi Dei aliique, qui cum eodem familiaritatem aut consuetudinem habuerint.

19. Ad probandum martyrium aut virtutum exercitium et signorum famam Servi Dei qui pertinuerit ad aliquod Institutum vitae consecratae, notabilis pars testium inductorum debent esse extranei, nisi, ob peculiarem Servi Dei vitam, id impossibile evadat.

20. Ne admittantur ad testificandum:

1° sacerdos, quod attinent ad ea omnia quae ei ex confessione sacramentali innotuerunt;

2° habituales Servi Dei confessarii vel spiritus directores, quod attinet

[4] Cfr. *ibid.*, n. 2, 4°.

mento, affinché possa predisporre gli interrogatori utili ad indagare e mettere in luce la verità circa la vita, le virtù o il martirio, la fama di santità o di martirio del servo di Dio.

b) Nelle cause antiche gli interrogatori riguardino soltanto la fama di santità o di martirio ancora presente e, se è il caso, il culto reso al servo di Dio in tempi più recenti.

c) Nel frattempo il Vescovo invii alla Congregazione per le Cause dei Santi una breve relazione sulla vita del servo di Dio e sull'importanza della causa, per vedere se da parte della Santa Sede ci sia qualcosa in contrario.

16. a) Quindi il Vescovo o il suo delegato esamini i testimoni presentati dal postulatore e gli altri che devono essere interrogati d'ufficio, assistito da un notaio che trascrive le dichiarazioni di chi depone, il quale alla fine conferma la deposizione.

Ma se urge l'esame dei testimoni per non perdere le prove, essi devono essere interrogati anche prima di completare la ricerca dei documenti[4].

b) All'esame dei testimoni partecipi il promotore di giustizia; qualora questi non fosse stato presente, gli atti vengano poi sottoposti al suo esame, affinché egli possa fare le sue osservazioni e proporre quanto riterrà necessario e opportuno.

c) I testimoni siano esaminati anzitutto sugli interrogatori; poi il Vescovo o il suo delegato non tralasci di porre ai testimoni altre domande necessarie o utili, affinché quanto essi hanno detto sia meglio chiarito o le eventuali difficoltà emerse siano appianate e superate.

17. I testimoni devono essere oculari; a questi, se occorre, possono essere aggiunti altri testimoni che hanno sentito da coloro che hanno visto; ma tutti siano degni di fede.

18. Come testimoni siano presentati anzitutto i consanguinei e parenti del servo di Dio e quanti altri abbiano avuto con lui familiarità e vicinanza.

19. A prova del martirio o dell'esercizio delle virtù e della fama dei miracoli di un servo di Dio che sia appartenuto a qualche istituto di vita consacrata, una parte notevole di testimoni presentati, devono essere estranei; a meno che ciò sia impossibile, a motivo della particolare vita del servo di Dio.

20. Non siano ammessi a testimoniare:

1° il sacerdote, per quanto riguarda tutto ciò di cui è venuto a conoscenza attraverso la confessione sacramentale;

2° i confessori abituali o i direttori spirituali del servo di Dio, per quan-

[4] Cfr. *ibid.*, n. 2, 4°.

etiam ad ea omnia quae a Servo Dei in foro conscientiae extrasacramentali acceperint;

3° postulator in causa, durante munere.

21. a) Episcopus vel delegatus aliquos testes ex officio vocet, qui ad inquisitionem perficiendam, si casus ferat, contribuere valeant, praesertim si ipsi causae contrarii sunt.

b) Vocandi sunt tamquam testes ex officio viri periti qui pervestigationes documentorum fecerunt et relationem de ipsis exararunt, iidemque sub iuramento declarare debent: 1° se omnes investigationes peregisse ac omnia collegisse quae causam respiciant; 2° nullum documentum aut texum se adulterasse vel mutilasse.

22. a) Medici a curatione, cum de miris sanationibus agitur, tamquam testes sunt inducendi.

b) Quod si renuerint se Episcopo vel delegato sistere, is curet ut scriptam sub iuramento, si fieri potest, relationem de morbo eiusque progressione conficiant actis inserendam, vel saltem eorum sententia per interpositam personam excipiatur, deinde examini subiciendam.

23. Testes in sua testificatione, iuramento firmanda, propriae scientiae fontem indicare debent circa ea quae asserunt; secus eorum testimonium nihil faciendum est.

24. Si quis testis maluerit scriptum aliquod a seipso antea exaratum Episcopo vel delegato tradere sive una cum depositione sive praeter eam, huiusmodi scriptum recipiatur, dummodo ipse testis iuramento probaverit se illud scripsisse et vera in eo esse contenta, idemque ad acta causae accenseatur.

25. a) Quocumque modo testes suas notitias tradiderint, curet diligenter Episcopus vel delegatus ut illas authenticas reddat semper sua subsignatione et proprio sigillo.

b) Documenta e testimonia scripta, sive a peritis collecta sive ab aliis tradita, authentica declarentur per appositionem nominis et sigilli alicuius notarii vel publici officialis fidem facientis.

26. a) Si inquisitiones circa documenta vel testes in alia dioecesi fieri debent, Episcopus vel delegatus litteras ad Episcopum competentem mittat, qui ad normam horum statutorum agat.

b) Acta huiusmodi inquisitionis in archivo Curiae serventur, sed exemplar ad normam nn. 29-30 confectum ad Episcopum rogantem mittatur.

to riguarda anche tutto ciò che il servo di Dio ha loro manifestato nel foro di coscienza, fuori della confessione sacramentale;

3° il postulatore della causa, finché svolge tale incarico.

21. a) Il Vescovo o il delegato chiami d'ufficio alcuni testimoni, che siano in grado di contribuire, se occorre, al completamento dell'inchiesta, soprattutto se sono contrari alla causa stessa.

b) Devono essere chiamati come testimoni d'ufficio gli esperti che hanno ricercato i documenti e redatto la relazione sui medesimi; essi devono dichiarare sotto giuramento: 1° di avere svolto tutte le indagini e di aver raccolto tutta la documentazione riguardante la causa; 2° di non aver alterato o mutilato alcun documento o testo.

22. a) I medici curanti, quando si tratta di guarigioni prodigiose, vanno indotti come testimoni.

b) Qualora essi si rifiutassero di presentarsi al Vescovo o al delegato, questi provveda che redigano sotto giuramento, se possibile, una relazione scritta da mettere agli atti sulla malattia e il suo decorso, o almeno si cerchi di ottenere un loro giudizio tramite interposta persona, la quale poi va sottoposta all'esame.

23. I testimoni nella loro testimonianza, che dev'essere confermata con giuramento, devono indicare la fonte della loro conoscenza di quanto asseriscono; diversamente la loro testimonianza è da ritenersi nulla.

24. Se un testimone preferisce consegnare al Vescovo o al suo delegato, sia contestualmente alla deposizione sia al di fuori di essa, qualche scritto da lui redatto in precedenza, tale scritto sia accettato, purché il teste stesso provi con giuramento che ne è l'autore e che in esso sono esposte cose vere; e tale scritto sia accluso agli atti della causa.

25. a) Qualunque sia il modo con cui i testimoni hanno rilasciato le informazioni, il Vescovo o il delegato abbia diligente cura di autenticarle sempre con la sua firma e col proprio timbro.

b) I documenti e le testimonianze scritte, sia raccolte dagli esperti sia rilasciate da altri, siano dichiarate autentiche con l'apposizione del nome e del timbro di un notaio o di un pubblico ufficiale che ne faccia fede.

26. a) Se le indagini sui documenti o sui testimoni devono essere svolte in altra diocesi, il Vescovo o il delegato mandi una lettera al Vescovo competente, il quale procederà secondo le norme qui stabilite.

b) Gli atti di tale inchiesta siano conservati nell'archivio della Curia, ma una copia redatta a norma dei nn. 29-30 sia mandata al Vescovo richiedente.

27. a) Episcopus vel delegatus summa diligentia et industria curet ut in probationibus colligendis nihil omittatur, quod quoquo modo ad causam pertineat, pro certo habens felicem exitum causae ex bona eius instructione magna ex parte dependere.

b) Collectis igitur omnibus probationibus, promotor iustitiae omnia acta et documenta inspiciat ut, si ipsi necessarium videatur, ulteriores inquisitiones petere possit.

c) Postulatori quoque facultas danda est acta inspiciendi ut, si casus ferat, per novos testes aut documenta probationes compleri possint.

28. a) Antequam absolvatur inquisitio, Episcopus vel delegatus diligenter inspiciat sepulcrum Servi Dei, cubiculum in quo habitavit vel obiit et, si quae sint, alia loca ubi cultus signa in eius honorem quis exhibere possit, et declarationem faciat de observantia decretorum Urbani VIII super non cultu[5].

b) De omnibus peractis relatio conficiatur actis inserenda.

29. a) Instructoriis actis absolutis, Episcopus vel delegatus statuat ut transumptum conficiatur, nisi, attentis probatis circumstantiis, durante ipsa instructione iam fieri permiserit.

b) Transumptum ex actis originalibus transcribatur atque duplici exemplari fiat.

30. a) Absoluta transumpti confectione, collatio cum archetypo fiat, et notarius singulas paginas siglis saltem subscribat et suo sigillo muniat.

b) Archetypum clausum sigillisque munitum in archivo Curiae asservetur.

31. a) Transumptum inquisitionis et adnexa documenta in duplici exemplari ad Sacram Congregationem rite clausa et sigillis munita tute mittantur, una cum exemplari librorum Servi Dei a censoribus theologis examinatorum eorumque iudicio[6].

b) Si versio actorum atque documentorum in linguam apud Sacram Congregationem admissam necessaria sit, duo exemplaria versionis exarentur et authentica declarentur, Romam una cum transumpto mittenda.

b) Episcopus vel delegatus insuper litteras de fide testibus adhibenda et de legitimate actorum ad Cardinalem Praefectum mittat.

32. Inquisitio super miraculis separatim instruenda est ab inquisitione super virtutibus vel martyrio et fiat iuxta normas quae sequuntur[7].

[5] *Ibid.*, n. 2, 6°.
[6] *Ibid.*
[7] *Ibid.*, n. 2, 5°.

27. a) Il Vescovo o il delegato si interessi con somma diligenza e impegno affinché nel raccogliere le prove nulla sia omesso, di quanto in qualunque modo ha attinenza con la causa, tenendo presente che il felice esito della causa dipende in gran parte dalla sua buona istruzione.

b) Raccolte quindi tutte le prove, il promotore di giustizia esamini tutti gli atti e documenti per potere, se gli sembrerà necessario, richiedere ulteriori indagini.

c) Anche al postulatore dev'essere data la facoltà di esaminare gli atti per poter, se è il caso, completare le prove con nuovi testimoni o documenti.

28. a) Prima che l'inchiesta sia conclusa il Vescovo o il delegato ispezioni diligentemente la tomba del servo di Dio, la camera nella quale abitò o morì e altri eventuali luoghi dove si possano trovare segni di culto in suo onore, e faccia una dichiarazione circa l'osservanza dei decreti di Urbano VIII sul non culto[5].

b) Di tutto ciò che è stato fatto si rediga una relazione da allegare agli atti.

29. a) Completati gli atti istruttori, il Vescovo o il delegato ordini che sia redatta una copia conforme, a meno che, per seri motivi, abbia già permesso di prepararla durante la fase istruttoria.

b) La copia conforme sia trascritta dagli atti originali e sia fatta in duplice esemplare.

30. a) Fatta la copia conforme, sia confrontata con l'originale, e il notaio firmi ciascuna pagina almeno con le sigle e vi apponga il suo timbro.

b) L'originale, chiuso e munito di sigilli, sia custodito nell'archivio della Curia.

31. a) La copia conforme dell'inchiesta e i documenti allegati siano trasmessi per via sicura alla Sacra Congregazione in duplice esemplare debitamente chiusi e contrassegnati dai timbri, assieme ad una copia dei libri del servo di Dio esaminati dai censori teologi, con il giudizio di questi[6].

b) Se è necessaria una traduzione degli atti e dei documenti in una lingua ammessa presso la Sacra Congregazione, si producano due copie della versione dichiarata autentica, e siano inviate a Roma assieme alla copia conforme.

c) Il Vescovo o il delegato mandi inoltre al Cardinale Prefetto una dichiarazione sulla credibilità dei testimoni e la legittimità degli atti.

32. L'inchiesta sui miracoli dev'essere condotta separatamente dall'inchiesta sulle virtù o il martirio e si svolga secondo le norme che seguono[7].

[5] *Ibid.*, n. 2, 6°.
[6] *Ibid.*
[7] *Ibid.*, n. 2, 5°.

33. a) Episcopus competens ad normam n. 5*b,* accepto postulatoris libello una cum brevi sed accurata relatione de asserto miraculo necnon documentis illud respicientibus, iudicium exquirat ab uno vel duobus peritis.

b) Deinde si inquisitionem iuridicam instruere statuerit, per se vel per suum delegatum omnes testes examinet, iuxta normas supra nn. 15*a,* 16-18 et 21-24 statutas.

34. a) Si de sanatione alicuius morbi agatur, Episcopus vel delegatus auxilium quaerat a medico, qui interrogationes testibus proponat ad res clarius illustrandas iuxta necessitatem et circumstantias.

b) Si sanatus adhuc vivat, eius inspectio a peritis fiat, ut constare possit de duratione sanationis.

35. Inquisitionis transumptum una cum adnexis documentis ad Sacram Congregationem mittatur, iuxta statuta in nn. 29-31.

36. De Servis Dei, quorum sanctitas vitae adhuc legitimo examini subiecta est, quaelibet sollemnia vel panegyricae orationes in ecclesiis prohibentur.

Sed etiam extra ecclesiam abstinendum est ab iis actis quibus fideles induci possint ad falso putandum inquisitionem ab Episcopo factam de Servi Dei vita et virtutibus vel martyrio certitudinem secum ferre futurae eiusdem Servi Dei canonizationis.

Quas normas SS.mus D.N. Ioannes Paulus divina Providentia Papa II, in Audientia die 7 februarii a. 1983 infrascripto Congregationis Cardinali Praefecto concessa, approbare et ratas habere dignatus est, mandans ut eae publici iuris fiant et ab hoc ipso die vigere incipiant, ab omnibus Episcopis qui causas canonizationis instruunt, et a ceteris ad quos spectat, rite et religiose servandae, contrariis quibuscumque, etiam speciali mentione dignis, minime obstantibus.

Datum Romae, ex Aedibus Sacrae Congregationis pro Causis Sanctorum, die 7 mensis februarii a. 1983.

PETRUS Card. PALAZZINI, *Praefectus*

† Traianus Crisan,
Archiep. tit. Drivastensis,
a Secretis

33. a) Il Vescovo competente a norma del n. 5*b*, dopo aver ricevuto il libello del postulatore assieme ad una breve ma accurata relazione del presunto miracolo e ai documenti ad esso relativi, chieda il giudizio di uno o due esperti.

b) Se avrà poi deciso di istruire l'inchiesta giuridica, esaminerà, di persona o tramite un suo delegato, tutti i testimoni, secondo le norme stabilite sopra ai nn. 15*a*, 16-18 e 21-24.

34. a) Se si tratta di guarigione da una malattia, il Vescovo o il delegato chieda l'aiuto di un medico, il quale ponga le domande ai testimoni per chiarire meglio le cose secondo la necessità e le circostanze.

b) Se il guarito è ancora vivente, alcuni esperti lo visitino, per costatare se la guarigione è duratura.

35. La copia conforme dell'inchiesta assieme ai documenti allegati sia inviata alla Sacra Congregazione, secondo quanto stabilito ai nn. 29-31.

36. Sono proibite nelle chiese le celebrazioni di qualunque genere o i panegirici sui servi di Dio, la cui santità di vita è tuttora soggetta a legittimo esame.

Ma anche fuori della chiesa ci si deve astenere da quegli atti che potrebbero indurre i fedeli a ritenere a torto che l'inchiesta, fatta dal Vescovo sulla vita e sulle virtù o sul martirio del servo di Dio, comporti la certezza della futura canonizzazione del servo di Dio stesso.

Giovanni Paolo II, per divina provvidenza papa, nell'udienza concessa il 7 febbraio 1983 al sottoscritto Cardinale Prefetto della Congregazione, si è degnato di approvare e ratificare le presenti norme, ordinandone la pubblicazione e l'entrata in vigore da oggi stesso. Esse dovranno debitamente e devotamente essere osservate da tutti i Vescovi che istruiscono le cause di canonizzazione e da quanti altri direttamente interessati, nonostante qualsiasi disposizione in contrario, anche degna di speciale menzione.

Roma, dalla Sacra Congregazione per le Cause dei Santi, 7 febbraio 1983.

PIETRO Card. PALAZZINI, *Prefetto*

† Traiano Crisan,
Arciv. tit. di Drivasto,
Segretario

DECRETUM GENERALE

DE SERVORUM DEI CAUSIS, QUARUM IUDICIUM IN PRAESENS APUD SACRAM CONGREGATIONEM PENDET

Circa Servorum Dei causas, quarum iudicium in praesens apud Sacram Congregationem pro Causis Sanctorum pendet, in Constitutione Apostolica *Divinus perfectionis Magister* diei 25 ianuarii a. 1983, n. 16, statutum est, ne ad ulteriora procedatur nisi servata mente huius novae legis, atque insuper ipsi Sacrae Congregationi munus demandatur peculiari decreto ordinem statuendi, quo in huiusmodi causis in posterum sit procedendum.

Cui quidem muneri satisfacere sibi proponens, Sacra Congregatio huiusmodi causas in quattuor genera dividens, statuit quae sequuntur:

1) Quoad causas «recentiores», in quibus Positio super virtutibus vel super martyrio iam typis edita est, eadem Consultoribus theologis pro voto tradatur, ad normam novae legis discutienda.

2) Ad eas vero causas quod attinet, in quibus Animadversiones Promotoris fidei vel Responsio Patroni sint in statu confectionis, omnino curetur, ut omnia documenta causam respicientia critice examinentur et, quatenus casus ferat, Responsioni addantur.

3) In ceteris causis «recentioribus», examinatis scriptis Servi Dei, ad ulteriora ne procedatur, nisi Positio super virtutibus vel super martyrio methodo critica, sub ductu Relatoris causae, parata fuerit, praevia inquisitione documentorum quae quoquo modo causam respiciant.

4) Quoad causas «historicas», de quibus adest iam typis edita Positio super virtutibus vel super martyrio ab Officio historico-hagiographico concinnata, eadem, una cum votis Consultorum huius Officii, Consultoribus theologis pro voto tradatur ad normam novae legis, additis tamen explanationibus, si quae de iudicio Relatoris generalis necessariae sint.

DECRETO GENERALE

SULLE CAUSE DI CANONIZZAZIONE PENDENTI PRESSO LA SACRA CONGREGAZIONE

Per quanto riguarda le cause dei servi di Dio, il cui giudizio attualmente è pendente presso la Sacra Congregazione per le Cause dei Santi, nella Costituzione Apostolica *Divinus perfectionis Magister* del 25 gennaio 1983, n. 16, è stato stabilito che non si proceda alle fasi successive se non a condizione di rispettare lo spirito di questa nuova legge, ed inoltre è demandato alla medesima Sacra Congregazione il compito di stabilire con un decreto particolare la procedura da seguire in queste cause.

Intendendo assolvere questo mandato, la Sacra Congregazione divide tali cause in quattro gruppi e stabilisce quanto segue:

1) Per le cause «recenti» nelle quali è già stata stampata la *Positio* sulle virtù o sul martirio, questa sia consegnata ai Consultori teologi per il voto, dovendo essere discussa secondo la nuova legge.

2) Per quanto riguarda le cause nelle quali le *Animadversiones* del Promotore della fede o la *Responsio* dell'Avvocato siano in corso di redazione, si abbia grande cura che siano criticamente esaminati tutti i documenti riguardanti la causa e, per quanto il caso lo richieda, siano allegati alla risposta.

3) Nelle altre cause «recenti», dopo l'esame degli scritti del servo di Dio, non si proceda alle fasi successive, se non è stata preparata con metodo critico, sotto la guida del Relatore della causa, la *Positio* sulle virtù o sul martirio, previa la ricerca dei documenti che in qualunque modo riguardino la causa.

4) Per quanto riguarda le cause «storiche», nelle quali è già stampata la *Positio* sulle virtù o sul martirio redatta dall'Ufficio storico–agiografico, questa, assieme ai voti dei Consultori di tale ufficio, sia consegnata ai Consultori teologi per il voto a norma della nuova legge, aggiungendovi tuttavia delle spiegazioni qualora, a giudizio del Relatore generale, se ne sentisse la necessità.

Quae omnia Summus Pontifex Ioannes Paulus II, in Audientia infrascripto Congregationis Cardinali Praefecto die 7 februarii a. 1983 concessa, rata habuit et ab hoc ipso die servari mandavit.

Datum Romae, ex Aedibus Sacrae Congregationis pro Causis Sanctorum, die 7 februarii a. 1983.

PETRUS Card. PALAZZINI, *Praefectus*

† Traianus Crisan,
Archiep. tit. Drivastensis,
a Secretis

Il Sommo Pontefice Giovanni Paolo II, nell'udienza concessa al sottoscritto Cardinale Prefetto il 7 febbraio 1983, ha ratificato tutto ciò e ne ha ordinato l'osservanza con decorrenza da oggi stesso.

Roma, dalla Sacra Congregazione per le Cause dei Santi, 7 febbraio 1983.

PIETRO Card. PALAZZINI, *Prefetto*

† Traiano Crisan,
Arciv. tit. di Drivasto,
Segretario

INDICE ANALITICO

Con un asterisco (*) sono indicati i termini appartenenti all'antica legislazione.

INDICE DELLE MATERIE

Stampa VIVERE IN: settembre 1992

Stabilimento: Monopoli (BA), C.da Piangevino 224/A - Tel. 080/803385